KNAUR

*Über das Buch:*
Ob *FIFA, League of Legends* oder *Counter Strike:* Gaming an PC und Konsole ist längst Breitensport. Millionen Menschen aller Altersklassen spielen selbst und verfolgen E-Sports-Turniere. Aber was ist das Erfolgsgeheimnis der Profis? Was sind die Taktiken und Strategien, die im E-Sport zum Erfolg führen? Fabian »Sheepy« Mallant ist weltweit einer der profiliertesten E-Sports-Coaches und macht nun erstmals sein Wissen zugänglich. Er beschreibt, was wichtig ist für den individuellen Spielertypus, entwirft Trainingspläne, vermittelt Taktik und Strategien und analysiert, worauf es bei internationalen Turnieren ankommt. Egal also, ob es darum geht, den besten Freund beim nächsten Duell in die Schranken zu weisen, oder um die zentralen Schritte in Richtung Profisport: Fabian Mallant zeigt, was man wissen muss, unabhängig von Plattform und Spiel.

*Über den Autor:*
Fabian »Sheepy« Mallant ist Head Coach des E-Sport-Teams »Unicorns of Love«, das zur Weltspitze in den Spielen *League of Legends* und *Counter Strike: Global Offensive* zählt. Wenn er nicht gerade weltweit mit seinem Team unterwegs ist, lebt er in Hamburg.

FABIAN »SHEEPY« MALLANT

# DER ULTIMATIVE GAMING-GUIDE

**Der Weg vom Amateur zum Profi:**
Training, Strategie und Management
im E-Sport

KNAUR

**Besuchen Sie uns im Internet:**
**www.knaur.de**

Aus Verantwortung für die Umwelt hat sich die Verlagsgruppe Droemer Knaur zu einer nachhaltigen Buchproduktion verpflichtet. Der bewusste Umgang mit unseren Ressourcen, der Schutz unseres Klimas und der Natur gehören zu unseren obersten Unternehmenszielen.
Gemeinsam mit unseren Partnern und Lieferanten setzen wir uns für eine klimaneutrale Buchproduktion ein, die den Erwerb von Klimazertifikaten zur Kompensation des $CO_2$-Ausstoßes einschließt.
Weitere Informationen finden Sie unter: www.klimaneutralerverlag.de

FSC
www.fsc.org
MIX
Papier aus verantwortungsvollen Quellen
FSC® C019821

Originalausgabe November 2022

Ein Imprint der Verlagsgruppe
Droemer Knaur GmbH & Co. KG, München

Aufgezeichnet von: Christian Lütjens
Redaktion: dots & plots by Lisa Bitzer & Björn Rustemeyer
Covergestaltung: totalitalic, Thierry Wijnberg
Coverabbildung: lchumpitaz / istock
Bilder im Innenteil: S. 74, 140 Vivien Mallant, S. 135 Insomnia Gaming Festival, S. 150, 193 Michal Konkol
Satz: Daniela Schulz, Gilching
Druck und Bindung: C.H. Beck, Nördlingen
Printed in Germany
ISBN 978-3-426-79167-7

5 4 3 2 1

# INHALT

# E-SPORT

# BUSINESS

# VORWORT: LET'S PLAY!

Gaming ist *die* Unterhaltungsbranche unserer Zeit. Das beweisen die seit Jahren wachsenden Teilnehmer- und Absatzzahlen im Gaming-Bereich immer wieder eindrücklich. Aber was ist die Ursache dafür – *warum* ist Gaming heutzutage so unglaublich populär? Ich erkläre mir das Phänomen in erster Linie mit der Entwicklung unserer Gesellschaft: Dank des Internets leben wir inzwischen in einer Welt, in der Informationen jedweder Art so leicht und vielfältig zugänglich sind wie nie zuvor. Auch die Möglichkeiten, die eigene Meinung mitzuteilen, waren zu keiner Zeit so niedrigschwellig. Beides ist grundsätzlich super. Allerdings führt es auch dazu, dass wir mit Informationen quasi überflutet werden. Einerseits sind wir permanent damit beschäftigt, sie zu verarbeiten, einzuordnen und zu kommentieren, andererseits stoßen wir zwangsläufig auf halbe oder verdrehte Wahrheiten beziehungsweise auf die Erkenntnis, dass die Wahrheit oft zwei Seiten hat und Informationen doppeldeutig interpretiert werden können. Unter diesen Umständen wird das Bilden der eigenen Meinung nicht erleichtert, sondern erschwert. Was schnell dazu führen kann, dass uns das Leben wahnsinnig kompliziert erscheint, beziehungsweise, dass wir frustriert und unsicher werden und uns wegen der ständigen Nachverfolgbarkeit zunehmend unfrei und angreifbar fühlen.

Platt ausgedrückt würde ich sagen: Auf Komplikationen hat eigentlich niemand Bock. Die wenigsten wollen ständig tiefgründig nachdenken, Gut und Schlecht unterscheiden, sich belastbare Meinungen bilden, kombinieren, grübeln, alles beurteilen oder jede Tätigkeit auf ihre Sinnhaftigkeit durchleuchten. Eigentlich genügt es uns, im Moment zu leben, die Dinge, die wir tun, gut zu machen – und dabei im besten Fall ein bisschen Spaß zu haben. Mit Spielen geht das. Sie haben eigentlich keine andere Aufgabe, als uns zu entertainen. Hinzu kommt, dass sie klare Regeln und berechenbare Werte- und Belohnungssysteme haben. Sie entführen uns sprichwörtlich in andere Welten. Das bedeutet eine Realitätsflucht im positiven Sinn – Spielen entspannt, befriedigt, inspiriert.

Dieser Aspekt hat mich am Gaming schon sehr früh fasziniert. Seit meiner Kindheit hat das Spiel immer eine zentrale Rolle in meinem Leben eingenommen. Es ging los mit Fußball. Ich traf mich immer mit Freunden aus der Nachbarschaft im Garten meiner Eltern zum Kicken. Das war toll. Weil jeder nur kam, wenn er wirklich Bock hatte, nicht weil er kommen musste oder eine bestimmte Zeit abzusitzen hatte. Deswegen waren alle motiviert. Wir wollten nicht nur zusammensitzen und uns gegenseitig mit Angebereien übertrumpfen, es ging uns wirklich ums Fußballspielen, und wir wollten uns im Wettkampf verbessern. Das war durchaus kompetitiv, aber nie verbissen. Die Grundhaltung war: Wenn du ein Tor schießt, super, wenn nicht, dann eben beim nächsten Mal. Es herrschte eine angenehme Atmosphäre – wir hatten Spaß, forderten einander heraus und unterstützten uns gegenseitig. Wir konnten einfach Mensch sein. So wurde ich sozialisiert.

Als Vorschüler kam ich dann zum ersten Mal mit virtuellen Welten in Kontakt. Genauer gesagt, mit der bunten und fröhlichen Welt von Super Mario. Nachdem mein Vater sich eine Super Nintendo besorgt hatte, traf er sich freitagabends regelmäßig mit seinem besten Kumpel, und sie zockten bei uns im Wohnzimmer *Super Mario World*. Ich sah ihnen dabei zu und war von Anfang an fasziniert. Zwischendurch spielte ich mit. Weil es nur zwei Controller gab, musste entweder mein Vater oder sein Kumpel aussetzen, wenn ich mein Glück versuchte. Allerdings nie sehr lang. Da ich keine Übung hatte und noch zu schlecht war, hieß es bei mir meist sehr schnell »Game over«. Abgesehen davon trafen sich die beiden immer abends. Mit meinen sechs, sieben oder acht Jahren musste ich immer schon ins Bett, bevor ihr Spielabend zu Ende war. Zu wissen, dass mein Vater und sein Kumpel eine gute Zeit beim Zocken hatten, während ich zur Untätigkeit verdammt in meinem Zimmer lag, war hart. Es dauerte ewig, bis ich einschlafen konnte, weil mich das total wurmte und ich so gern weiter dabei gewesen wäre.

Neben der Spielbegeisterung war ich schon früh ziemlich selbstreflektiert und analytisch. Seit ich denken kann, war Hinterfragen, Puzzeln, Rätseln und Kombinieren mein Ding. Das merkte schon mein Mathelehrer in der Grundschule. Als ich acht Jahre alt war, schlug er meinen Eltern vor, mich bei der William-Stern-Gesellschaft vorsprechen zu lassen, einem Hamburger Institut für Begabungsforschung. Dort wurde damals ein Programm für mathematisch hochbegabte Kinder gestartet. Der Aufnahmetest bestand aus verschiedenen Kombinationsaufgaben. Wenn ich mich richtig erinnere, hatten die meisten von ihnen gar nichts mit Zahlen zu tun. Es ging eher um Logikrätsel oder das Zusammenfügen von Würfeln, Puzzles und Bilderhälften. Ich bestand den Test und wurde als eins von 50 Kindern für das Projekt ausgewählt. Das hieß, meine Mutter fuhr mich einmal die Woche zur Hamburger Uni, damit ich dort mathematische Probleme lösen konnte. Das war toll und sehr spielerisch. Der Projektleiter war unheimlich enthusiastisch. Seine Fähigkeit, Begeisterung zu vermitteln und das Interesse der Kinder zu wecken, inspiriert mich bis heute.

Nebenbei verselbstständigte sich meine Faszination für Videospiele. Als ich neun oder zehn Jahre alt war, durfte ich die Super Nintendo auch allein nutzen. Natürlich immer mit der Ansage »Spiel nicht den ganzen Tag«, aber die vergaß ich schnell, wenn ich meine Ausflüge in die Welt von Super Mario unternahm. Als sich Anfang der 2000er die Sega Dreamcast in Europa etablierte, war ich ebenfalls ziemlich früh dabei. Auch das war meinem Vater zu verdanken. Er war damals selbstständig, leitete seine eigene Sortiermaschinenfabrik und hatte in der Firma eine Dreamcast. Wenn er mich mit zur Arbeit nahm, konnte ich dort spielen, während er in Besprechungen saß.

Mir ist bewusst, dass ich mit alledem großes Glück hatte. Weder waren meine Eltern kategorisch dagegen, dass ich zockte, noch musste ich mich besonders anstrengen, um Zugang zu Konsolen zu bekommen. Das war damals alles andere als üblich. Aber es blieb meine gesamte Jugend über so: Ich besaß einen Game Boy, mit dem ich die Autofahrten in den Urlaub nach Norwegen verdaddelte, später hatte ich eine PlayStation 2, und schließlich kam der große Durchbruch, und ich bekam meinen ersten eigenen PC. Mit ihm exerzierte ich alle Entwicklungsstufen durch – von der Zeit, in der man per Telefonleitung knackend und rauschend eine Internetverbindung aufbauen und gefühlte zwanzig Minuten warten musste, bis eine Website geladen war, bis zu dem Moment, als ich das erste Mal online spielte: *Warcraft 3* – damals das allergrößte Spiel für mich. Neue, tiefgründige Welten eröffneten sich, man konnte eigene Karten erstellen und mit anderen Spielern der Online-Community etwas aufbauen. Es war wie eine Never Ending Story, eine Quelle, die nie versiegte. Wenn man so will, öffnete sich hier das Tor zu jener Spielform, die für mich viele Jahre später mit *League of Legends* (*LOL*) zum Beruf wurde.

Der Aspekt der Realitätsflucht spielte bei meinen *Warcraft 3*-Sessions, denke ich, eine ziemlich große Rolle – ohne dass es mir damals wirklich bewusst war. Nachdem meine Kindheit sehr harmonisch und, wie gesagt, im besten Sinne spielerisch verlief, änderte sich alles, als ich aufs Gymnasium kam. Beim Schulwechsel ging ich noch naiv davon aus, alles würde so weitergehen wie beim Fußballspielen mit meinen Freunden aus der Nachbarschaft und in der Grundschule – also absichtslos, solidarisch und motiviert. Aber in meiner neuen Klasse war das Gegenteil der Fall: Auf einmal war ich umgeben von Mitschülern, die weder Bock auf Schule noch auf Spielen hatten, sondern einzig und allein auf Hahnenkämpfe, Machtspielchen und Kraftproben aus zu sein schienen. Wer ist der Stärkste? Wer ist das Alphatier? Wer übt den meisten Druck aus? Das waren Fragen, die in meiner Kindheit zuvor nie eine Rolle gespielt hatten und mit denen ich schlecht umgehen konnte. Mir war noch nicht klar, dass die wenigsten Kinder in einer so behüteten Welt aufwuchsen wie ich – was sich natürlich in ihrem Verhalten widerspiegelte. Leider merkten die Alphatiere schnell, dass ich ihnen nichts entgegenzusetzen hatte, also hänselten und mobbten sie mich systematisch. Das war brutal, und ich litt extrem darunter. Deswegen war *Warcraft 3* eine gute Möglichkeit, der grausamen Realität zu entkommen. Da ging es ums Game, um Spaß haben und ums Besserwerden, nicht um Hahnenkämpfe.

Letztendlich wurden in dieser Zeit aber nicht nur in Sachen Spielleidenschaft die Weichen für meine spätere Laufbahn gestellt, sondern auch die Eigenschaften geschärft, die dazu führten, dass ich heute Coach bin. Da ich die Bosheit meiner Mitschüler nicht verstand, versuchte ich, ihr Verhalten zu analysieren und mit dem Verstand zu erfassen. Ich fragte mich, warum sie sich so gemein verhielten. Lag es an ihnen oder an mir? Warum schüchterten sie mich so ein? Womit fing das Mobbing an? Zwar fehlte es mir damals an Lebenserfahrung, um Antworten auf diese Fragen zu finden, aber es war für mich eine logische Konsequenz, über sie nachzudenken.

Das war nicht immer angenehm, aber es hatte einen coolen Nebeneffekt: Es weckte mein Interesse für Philosophie, die ab der zehnten Klasse bei uns als Schulfach angeboten wurde. Gleich in der ersten Stunde kam die Frage: »Was ist der Sinn des Lebens?« Meine Antwort lautete: »Der Sinn des Lebens ist, zu sterben.« Diese Worte waren der Anfang meiner intensiven Auseinandersetzung mit der Bedeutung der menschlichen Existenz. Generell wurde in dieser Zeit vieles besser. Das Mobbing ließ nach, ich fand Freunde, wurde selbstbewusster. Zusammen mit ein paar Mitschülern gründete ich sogar eine Philosophie-AG. Dort analysierte ich andere und mich selbst und arbeitete mich Schritt für Schritt zu den großen Fragen vor: Wie funktioniere ich? Warum fühle ich mich, wie ich mich fühle? Warum denken andere Leute komplett anders als ich? Was ist der Sinn des Lebens? Warum existiert überhaupt irgendwas?

Am Ende der Schulzeit hatte ich auch dank der Philosophie-AG das Gefühl, ein Grundverständnis dafür entwickelt zu haben, wie sich Menschen verhalten und wie ihre Psyche funktioniert – und das betrachte ich heute als Grundpfeiler meiner Arbeitsweise als Coach. Die Analyse menschlicher Persönlichkeiten ist ein wesentlicher Bestandteil meines Jobs. Inzwischen habe ich diese Fähigkeit mit der Hilfe von Sportpsychologen und Mental Coaches verfeinert, und es sind viele neue Fragen hinzugekommen, wie: Was geht in meinem Gehirn vor? Wie steuerbar ist Konzentration? Wie funktionieren neurale Netzwerke? Alldem liegt aber immer die Maxime zugrunde, dass eine ausgeglichene Psyche die wichtigste Basis für die dauerhafte Leistungsfähigkeit eines Gamers ist.

Deshalb ist es auch gar nicht so abwegig, sich auf das erst mal eher widersprüchliche Projekt eines Gaming-Coachings ohne PC und Konsole einzulassen.

Meine Coachings beginnen so gut wie nie mit Spielen. Sondern mit Gesprächen: über die Lebensbedingungen, Ziele und Selbsteinschätzungen des jeweiligen Spielers. Vielen Spielern wird erst nach mehreren Sessions klar, dass Gaming ein hervorragender

Weg ist, sich selbst kennenzulernen. Diese Erkenntnis ist wichtig, weil sie der Schlüssel zur systematischen Nutzung der eigenen Talente ist.

So abgehoben, abstrakt und technisch, wie manche Außenstehende die Gaming- und E-Sport-Welt empfinden, ist sie also gar nicht. Letztendlich sitzen hinter jeder Konsole und jedem PC Menschen aus Fleisch und Blut, die ihre physischen und psychischen Fähigkeiten in eine virtuelle Welt einbringen. Im Allgemeinen ist die bisher sehr uneinheitliche Aufstellung des E-Sports in der Gesellschaft, den Medien und der Welt für dieses Buch gleichzeitig eine Hürde und eine Chance. Da der Sport noch jung ist, kann ich weder in meiner Arbeit als Coach noch für dieses Buch auf altes Wissen zurückgreifen, und da bisher wenig zu dem Thema geforscht wurde, berufe ich mich in vielen Bereichen auf Analysen anderer Sportarten.

Letzteres ist aber nicht verkehrt. Im Gegenteil. Es zeigt, wie ähnlich sich E-Sport und Breitensport in puncto Organisation und Trainingsmethoden sind – was nicht zuletzt ein Argument für ihre Ebenbürtigkeit ist. Ich habe vom genauen Beobachten der Kampfkünste Wladimir Klitschkos, der Trainings-Exzesse von Usain Bolt oder den ausgeklügelten Taktiken beim American Football, Basketball oder Rugby mindestens so viel für meine Arbeit gelernt wie von meinen jahrelangen Erfahrungen als Gamer.

Es würde mich freuen, wenn ich mit diesem Buch dazu beitragen kann, ein paar Verständnisprobleme zwischen Gamern und Nicht-Gamern abzubauen – egal ob sie von Vorurteilen, Schwellenängsten oder Unkenntnis herrühren. Ein besseres gegenseitiges Verständnis könnte zu einer schnelleren Vereinigung virtueller und analoger Sportarten beitragen, die meiner Meinung nach über kurz oder lang sowieso bevorsteht. Schon jetzt sind progressive Vereine auch in Deutschland dabei, durch die Etablierung von E-Sport-Gruppen neue Mitgliederkreise zu gewinnen. Dass sie damit auch zu einem gesunden Umgang mit Gaming beitragen, der bis jetzt mangels Regulierung vielen fehlt, ist ihnen hoch anzurechnen. Leider gibt es hierzulande noch zu wenig qualifizierte E-Sport-Trainer, aber vielleicht ändert dieses Buch ja etwas daran.

Wie ich zu Beginn schon schrieb: Gaming ist *die* Unterhaltungsbranche unserer Zeit. Daher ist es mir wichtig, alle Zielgruppen anzusprechen: Gamer und Gaming-Gegner, Neueinsteiger und alte Hasen, Funktionäre und Hobby-Spieler. In Aufzählungen wie diesen sind Frauen und nicht-binäre Menschen selbstverständlich inklusive. Dass ich mich dagegen entschieden habe, in diesem Buch zu gendern, hat in erster Linie damit zu tun, dass ich es im Arbeitsalltag auch nicht tue. In der E-Sport-Welt wird sowieso meist Englisch gesprochen, und in dieser Sprache wird nicht gegendert. Das englische Wort »Gamer« bezeichnet sowohl weibliche als auch männliche und diverse Spielbegeisterte. So möchte ich es auch in diesem Buch handhaben. Denn nur so spiegelt es das Gemeinschaftsgefühl wider, für das ich die Gamer-Community liebe und schätze. Also, Leute: Let's play!

Euer Fabian

# GAMING

Spielen fordert, unterhält, macht Spaß, verbindet und wappnet für die Zukunft. Zumindest, wenn du ein Game findest, das wirklich zu dir passt. Wie das geht, erfährst du in diesem Abschnitt. Danach ergründen wir, wie du am effektivsten, kreativsten und gesündesten mit den daraus resultierenden Erkenntnissen umgehst.

## THEMENÜBERSICHT

**SPIELERTYPEN –**
Single oder Team? Casual oder Competitive? Game oder Community? Finde heraus, welcher Player-Typ du bist.

**SELBSTANALYSE –**
Wer bist du? Was kannst du? Wo willst du hin? Warum Selbsterkenntnis dir nicht nur im Spiel Glück bringt.

**GAME-CHECK –**
MOBA, Shooter, Adventure, Simulatoren, RTS oder Sonstige? Die Spiel-Genres und ihre E-Sport-Kompatibilität.

**ONE WORLD – DIE GAMING-COMMUNITY –**
Warum Gaming verbindet und was du über die Community wissen musst.

**DETOX-TIPPS –**
Zum Umgang mit toxischen Tendenzen in der Gaming-Welt.

**ROLE MODELS –**
GOATs, Teams, Influencer, Girls und Unternehmen, an denen wir uns ein Beispiel nehmen können.

**HEALTHY GAMING –**
Ein gesunder Geist in einem gesunden Körper: die physischen Aspekte im Mental Sport.

**PUBLISHER –**
Die Welt der Erfinder und Entwickler: Games-Hersteller und wofür sie stehen.

# SPIELERTYPEN

Das Wichtigste beim Gaming ist: Spaß. Davon hat man am meisten, wenn man seine Vorlieben kennt. Klären wir also erst mal, welche Spielertypen es gibt.

Jeder Mensch ist einzigartig und hat eigene Talente, Stärken, Vorlieben und Eigenschaften. Dieser Grundgedanke spielte eine wichtige Rolle, als ich 2014 das Gaming-Team Unicorns of Love (UoL) gründete, und er bestimmt heute, wo die UoL eine breit aufgestellte E-Sport-Organisation sind, immer noch unser Handeln. Wir möchten unsere Spieler so lassen, wie sie sind, ihre Stärken erkennen und fördern, statt sie zu etwas zu drängen, was eigentlich nicht ihr Ding ist. Oder eindeutiger: Bevor wir Spieler unter Vertrag nehmen, versuchen wir im Vorfeld zu klären, ob sie genügend Eigenmotivation, Stresstoleranz und Ehrlichkeit mitbringen, um als E-Sport-Profis zu bestehen. Wird bei Vorgesprächen deutlich, dass es an einem dieser Punkte grundlegend hapert, verzichten wir auf die Zusammenarbeit, statt uns im Training damit abzumühen, aus Stein Getreide zu machen, denn das halte ich für verschwendete Energie. Daher beginne ich jedes Coaching mit einem persönlichen Gespräch und kläre mit der zu coachenden Person Fragen, die auf den ersten Blick simpel erscheinen. Letztendlich sind sie aber die Grundlage für eine erfolgreiche Karriere im E-Sport.

## Fragen-Checkliste zum Coaching-Start

- Welche Spiele hast du schon gespielt?
- Welche machen dir am meisten Spaß, und worin bist du gut?
- Spielst du lieber mit anderen Leuten oder allein?
- Welche Belohnungssysteme bevorzugst du (Punkte sammeln, Match-Siege, Rangliste)?
- Ist Leistungsdruck für dich eher ein Ansporn oder eine Belastung?
- Ziehst du Langzeit-Spiele oder zeitlich begrenzte Wettkämpfe vor?
- Verbesserst du dich durch kontinuierliches Wiederholen gleicher Abläufe oder über das Ausprobieren vieler unterschiedlicher Spiele/Spielsituationen?

Im Coaching mit professionellen Gamern zielen solche Fragen auf zwei Dinge ab: Ich möchte den Spieler kennenlernen und seine Erfahrungen und Stärken abschätzen. Seine Persönlichkeit lerne ich schon dadurch kennen, wie er auf Fragen reagiert. Mancher ist introvertiert und einsilbig, und ich ringe mit ihm um jede klare Antwort. Ein anderer redet sofort drauflos und erzählt mir, dass er der Größte ist. Beides ist aufschlussreich, denn ich kann zumindest grob abschätzen, ob und wie er sich in ein Team einfügt, beziehungsweise welche Position er dort einnehmen kann. Der Grad an Erfahrung und Stärken im Spiel ist wiederum ein wichtiger Faktor für die Fluidität eines Spielers. Auf diese spezifischen Punkte komme ich im Kapitel »Die Trainings-Chapter« zurück (Seite 176).

An dieser Stelle will ich darauf hinaus, dass jeder diese Form der Befragung für sich machen kann, und sie zum einen für Leute Sinn macht, die entweder kaum Ahnung von Gaming haben oder nach einer Orientierung suchen, wo sie in der großen bunten

Gaming-Welt am besten aufgehoben sind. Zum anderen profitieren aber ebenso erfahrene Gamer von den Fragen. Man verändert sich im Laufe der Zeit ja nicht nur als Mensch, sondern auch als Spieler. Je mehr Erfahrungen man sammelt, desto mehr Stärken und Interessen entwickelt man; mit Erfolgserlebnissen wachsen die Ansprüche – an sich selbst, an andere, an das Game. Es kann also für alle hilfreich sein, sich von Zeit zu Zeit darauf zu besinnen, welchem Spielertypus sie entsprechen – und sei es nur, um zu vermeiden, dass aus Spielfreude irgendwann nur noch Routine wird.

Grob unterteilt gibt es für mich sechs verschiedene Kategorien von Gamern: Einzelspieler und Teamplayer; Spiel-basierte und Community-orientierte Spieler; Casual und Competitive Gamer. Als Coach habe ich naturgemäß mehr mit kompetitiven, also wettkampforientierten Spielern zu tun, die hohe Ansprüche haben. Ein paar Grundregeln gelten aber für alle. Auf den folgenden Seiten beschreibe ich die verschiedenen Spielertypen näher und gebe Tipps für geeignete Spiele, Strukturen und Tools. Im besten Fall nähern wir uns damit in jeder Kategorie einer Spielerfahrung an, die genauso einzigartig ist wie jeder Einzelne von uns.

## Single-Player

### Kurzprofil

Ein großer Vorteil von Gaming ist, dass man nicht zwangsläufig auf Mitspieler angewiesen ist. Im Gegensatz zu den meisten Breitensportarten und Brettspielen kann man PC-, Mobile- und Konsolen-Games meist allein spielen. Selbst *League of Legends* (*LoL*), das als MOBA-Game (MOBA steht für Multi Online Battle Arena) auf Multiplayer-Wettkämpfe ausgerichtet ist, kann man solo bestreiten. Dann tritt man gegen →Bots* an, also gegen die AI (Artificial Intelligence, auf Deutsch künstliche Intelligenz) eines Computerprogramms. Ein Kollege von mir schwört auf den AI-Modus. Er mag die Welt von *LoL*, ihre Helden und ihren Zauber, er hat aber keine Zeit, sich mit anderen Spielern abzustimmen – also spielt er gegen Bots. *LoL* ist aber nur eine, und nicht unbedingt die gängigste Form, solo zu spielen. Viele Adventure- und Strategie-Spiele sind geeigneter. Außerdem sind AI-Spiele nur bedingt hilfreich, um sich auf das Competitive-Gaming vorzubereiten. Daher ist es wichtig, bei Single-Playern zwischen Einzelkämpfern, die wettkampfbasiert spielen, und denjenigen, die in erster Linie vom Spiel unterhalten werden oder sich kreativ darin austoben wollen, zu unterscheiden.

## Geeignete Spielart

Dank Bots und bestimmten Spiel-Modi können Single-Player eigentlich jedes Game spielen, sogar diejenigen aus der Kategorie Massive Multiplayer Online Role-Playing Game (MMORPG), die per se für Team-Kämpfe konzipiert sind. Theoretisch kannst du also sogar *World of Warcraft*, das Multiplayer-Spiel schlechthin, komplett allein durchspielen. Zumindest fast. In Games wie diesem gibt es immer Content, der nur in der Gruppe spielbar ist, und sei es nur die eine große Battle gegen einen Boss, für die du zehn Leute brauchst, um siegreich zu sein. Ähnlich ist es bei *StarCraft* und *Command & Conquer*, obwohl ich bei diesen Titeln sagen würde, dass sie über kurz oder lang selbst eingefleischte Single-Player zu Multiplayern machen. Das Alleinspiel weckt in diesem Fall nur die Lust auf Team-Action. Die wahren

* Ein paar Begriffe, die Gaming-Neueinsteigern vielleicht weniger geläufig sind, erläutere ich in einem Glossar im Anhang des Buches. Die Begriffe habe ich mit diesem Symbol markiert: →.

Single-Player-Spiele sind für mich somit RTS-Games, bei denen du im Player-versus-Environment-Modus (PvE) eine Welt erforschst oder im Player-versus-Player-Modus (PvP) auf eigene Faust Bot-Gegner bekämpfst. Für den Alltagsgebrauch sind derweil die meisten Mobile Games für Einzelspieler geeignet, das Gleiche gilt für Simulatoren, Sandbox-Games, geschichtenbasierte Adventure-Spiele und die meisten RTS-Spiele. Auf die Merkmale der unterschiedlichen Kategorien gehe ich im Game-Check (Seite 38) ein.

Hier erst mal so viel: Wer gut unterhalten werden will, ist mit *Red Dead Redemption, Zelda* oder *The Witcher* gut beraten – alles Adventure-Games mit komplexen Storys, nahezu endlosen Welten, liebevollen Details (Grafik/Musik) und anspruchsvollen Aufgaben. Da kann man stundenlang abtauchen. Wer sich kreativ ausleben will, liegt mit *Minecraft* immer richtig, denn nicht ohne Grund ist es seit Jahren das Sandbox-Game Nummer eins. *FIFA, Sim Racing* und *eSailing* sind E-Sport-kompatible Simulatoren für Single-Player.

Wer sich regelmäßig über die neuesten Trends in diesem Bereich informieren möchte, sucht einfach im Internet unter »Beste Einzelspieler Spiele«. Da findet man immer aktuelle Listen mit neuen Releases.

## Tipps

Allein spielen ist entspannend, weil einem keiner reinredet. Andererseits erfordert es viel Eigenorganisation, da man nicht mit anderen interagiert. Heißt im Klartext: Pass auf, dass das Spiel dich nicht zu sehr vereinnahmt. Setze dir zeitliche Limits, achte auf körperlichen und geistigen Ausgleich und wäge dein Spielverhalten mit den Ratschlägen im Kapitel Healthy Gaming (Seite 84) ab. Dein Spiel sollte nicht zu einer Einbahnstraße werden. Gerade wenn du ein erfahrener Spieler bist, empfehle ich dir, offen zu sein und mal in den →Koop- oder Multiplayer-Modus zu wechseln. Dadurch kannst du nicht nur dir selbst, sondern auch dem Spiel neue Impulse geben. Manchmal eröffnen sich dadurch ganz neue Welten. Ich habe auch als Single-Player angefangen und Gaming zunächst als Flucht vor Alltagsproblemen, wie Stress mit Mitschülern, verstanden. Irgendwann hatte ich den Mut, mich mit anderen Spielern zu verbinden, schloss Freundschaften, wurde selbstbewusster, und schon fiel es mir leichter, meinen Mitschülern die Stirn zu bieten, und der Stress in der Schule erledigte sich.

## Team-Player

### Kurzprofil

Nicht jeder weiß von Anfang an, dass er ein Team-Player ist. Ich habe als Kind lange nur für mich gespielt, bis ich mir als Jugendlicher ein Team für *Warcraft 3* gesucht habe. Wie einfach das war, hat mich selbst überrascht. Obwohl es eigentlich logisch ist: Wer online spielt, ist per se mit der Welt verbunden. Es heißt ja nicht ohne Grund *World Wide Web*. Trotzdem war ich zu Beginn ausgesprochen scheu, hatte viele Horrorstorys gehört, dass Online-Bekanntschaften einen stalken, die IP-Adresse rausfinden, Kreditkartendaten missbrauchen usw. Hinzu kam, dass ich sehr introvertiert war und Angst hatte, meine Anonymität aufzugeben, wenn ich mit anderen über eine Sprachkonferenz-Software wie TeamSpeak spreche. Mit dem erwähnten ersten Team bei *Warcraft 3* habe ich deshalb nur über den Chat kommuniziert. TeamSpeak nutzte ich erst später für *Dota 2* und *LoL*.

Letztendlich bestätigte sich kein einziges Horrorszenarium. Stattdessen entstanden Freundschaften und schließlich die legendäre erste persönliche Zusammenkunft der Ur-Unicorns

Vizicsacsi, Xodiaz, Vardags und Hylissang im Jahr 2014 bei der Insomnia 51 in Coventry. Was ich damit sagen will: Wer Lust auf Team-Play hat, wird schnell Gleichgesinnte finden. Wenn sogar mein megaschüchternes jugendliches Ich es geschafft hat, Hemmschwellen zu überwinden, kann das jeder.

## Geeignete Spielart

Außer einigen Simulatoren und →Legacy Games gibt es kaum noch Spiele, die nicht im Multiplayer-Modus gespielt werden können. Es gibt sogar immer wieder Gerüchte, es werde bald keine Singleplayer mehr geben, weil sie nicht mehr zeitgemäß seien, aber das halte ich für Quatsch, denn erstens gibt es zu jeder Regel eine Ausnahme, und zweitens wird es immer Menschen geben, die beim Gaming einfach nur abschalten wollen und deshalb lieber alleine spielen. Trotzdem steht fest, dass sich im Multiplayer-Mode – sowohl bei Shootern als auch bei Adventure-, Action- und MOBA-Games – viele neue Möglichkeiten ergeben, die man als Singleplayer nicht hat. Was den E-Sport betrifft, haben vor allem Shooter und MOBAs großes Potenzial, weil die größten internationalen Wettkämpfe für *LoL, Dota 2, Counter-Strike, Mobile Legends* und *Valorant* veranstaltet werden. Sandbox-Multiplayer sind eine schöne Möglichkeit, sich in der Gruppe kreativ auszuleben und gegebenenfalls →Let's Plays zu streamen. Der meistgeklickte Streaming-Content auf YouTube dreht sich jedenfalls um *Minecraft*.

## Tipps

Beim Spielen in der Gruppe kochen gerne die Emotionen hoch. Das ist normal, aber du solltest darauf achten, dass dabei niemand beleidigt oder eingeschüchtert wird. Befolge die Regeln des Fair Play (lies dir dazu am besten meine Detox-Tipps ab Seite 68 durch), und ansonsten gilt auch hier: Sorge für körperlichen und geistigen Ausgleich, beachte die Regeln des Healthy Gaming (Seite 84) und hab vor allem Spaß. Das Letzte mag banal klingen, aber gerade im Team können Ehrgeiz und Gruppendynamik dazu führen, dass das Spielen durch Erwartungs- und Erfolgsdruck zur Belastung wird. Solche Probleme sollten rechtzeitig angesprochen und gelöst werden. Team-Play ist eine Mischung aus Verantwortung und Selbstverwirklichung. Sich gegenseitig zuzuhören und zu unterstützen, ist genauso wichtig, wie eigene Wünsche und Sorgen vor den anderen zu artikulieren.

## Game-Player

### Kurzprofil

Mit Game-Playern meine ich Spieler, die sich in erster Linie dafür interessieren, wie das Spiel in seiner Gesamtheit funktioniert, also dafür, wie dessen Welt aufgebaut ist und welche Character, →Quests und Mechaniken es gibt. Dieser Spielertyp braucht meistens keinen Wettkampf, aber er ist per se gut dafür geeignet, weil er eine umfassende Neugier und eine analytische Betrachtung des Spiels mitbringt. Das hat zur Folge, dass er viel ausprobiert, sich sehr gut auskennt und automatisch besser und vielseitiger im Spiel wird – was eine gute Wettkampf-Voraussetzung ist.

### Geeignete Spielart

Mit einfach gebauten Mobile Games oder Simulatoren, die mehr auf Technik statt auf Geschichten basieren, muss man Game-Playern in der Regel nicht kommen. Auch in sich abgeschlossene Unterhaltungs-Spiele wie *Super Mario* sind ihnen oft zu eindimensional. Aber im Bereich der Adventure-, Shooter- und Strategie-Spiele können sie sich in uferlose Welten und verschiedenste Character vertiefen. →Open-World-Adventure wie *Elden Ring*,

*Red Dead Redemption, Skyrim, Zelda* oder *The Witcher* sind die bekanntesten Beispiele und allein wegen ihrer langen Historie nahezu unerschöpfliche Quellen für neue Entdeckungen. Ein interessantes Thema für spielbasierte Gamer sind auch von der Community entwickelte →Mods, die es für fast alle großen Spiele von *Counter-Strike* über *Grand Theft Auto* bis zu *LoL* und *Dota 2* gibt.

### Tipps

Meinen Erfahrungen zufolge sind Game-Player oft in sich gekehrte Charaktere, die sich über ihre Stärken nicht wirklich bewusst sind. Häufig muss man ihnen erst klarmachen, welches Potenzial ihr Wissen und ihre Hingabe haben, und dass sie damit nicht nur im Spiel und der Gamer-Community, sondern auch im E-Sport punkten können. Die defensive Haltung hat oft damit zu tun, dass auch leidenschaftliche Spieler gewisse Vorurteile gegenüber Gaming als sinnlosen Zeitvertreib verinnerlicht haben, die ihnen Eltern, Lehrer oder Medien eingeflüstert haben. Von daher ist meine Hauptbotschaft an Game-Player: Bleib dran, verfolge dein Interesse, geh selbstbewusst damit um, bring deine Fähigkeiten in die Community ein und überlege dir gegebenenfalls, ob eine Karriere im E-Sport etwas für dich sein könnte.

## Community-Player

### Kurzprofil

Im Gegensatz zu Game-Playern steht bei Community-Playern der Kontakt mit anderen Spielern im Fokus. Mehr als das Interesse am Spiel. Es geht ihnen also in erster Linie um die Kommunikation, den Erfahrungsaustausch und die Interaktion, die Gaming ermöglicht, nicht unbedingt darum, im Spiel besser zu werden oder es zu professionalisieren. Community-Player sind lauter, extrovertierter und sichtbarer als Game-Player und verstehen sich häufig als Botschafter »ihres« Spiels. Bei Conventions, Offline-Turnieren und Networking-Events genießen sie die Öffentlichkeit, die viele Game-Player eher scheuen.

## Geeignete Spielart

Alle Spiele, in denen große Wettkämpfe ausgetragen werden – allen voran *LoL, Dota 2, PUBG Mobile, Counter-Strike, Mobile Legends* und *Valorant* –, sind eine gute Steilvorlage für Community-Player, weil sich um sie eine dynamische Event-Kultur entwickelt hat. Ansonsten sind spieleübergreifende Großveranstaltungen wie Gamescom, DreamHack, BlizzCon oder E3 (Electronic Entertainment Expo) für viele Community-Player wahrscheinlich spannender als das eigentliche Zocken. Bei solchen Events lässt sich meist schon an den Ständen der Spielehersteller und den Kostümen der →Cosplayer erkennen, welche Games starke Communitys haben. Bei *LoL* ist man diesbezüglich immer auf der richtigen Seite, weil das Spiel eine sehr bunte, vielfältige und vor allem große Community hat, aber auch *Fortnite, Hearthstone* oder *Zelda* haben eine riesige Fan-Base. Der größte Teil der Aktivitäten findet allerdings online statt – in Foren, Social Media und bei Streamern wie Ninja und tyler1 (für die USA) oder Trymacs und Unicorns-Streamer Chefstrobel (für Deutschland). Also einfach mal Twitch, YouTube und Facebook anschmeißen und einen Überblick verschaffen.

## Tipps

Die Gamer-Community hat mir viel gegeben (unter anderem meinen heutigen Job). Ich bin mit ihr und durch sie erwachsen geworden, und habe ihr einige der denkwürdigsten Momente meines Lebens zu verdanken. Von daher wünsche ich mir, dass sie so enthusiastisch, weird und bunt bleiben soll, wie sie ist, und sich nicht von Business-Interessen korrumpieren lässt. Bei UoL achten wir darauf, dass die Werte, die ich in der Gemeinschaft schätzen gelernt habe, immer vor dem Geschäft stehen. Sprich: Menschlichkeit kommt vor Profit. In einer Sparte, die so rasant wächst und so steile Karrieren ermöglicht wie die Gaming-Branche, kann es nicht schaden, sich diesen Grundsatz immer wieder in Erinnerung zu rufen. Für jeden Einzelnen bedeutet das: Bleib auf dem Teppich, vergiss nicht, wo du herkommst, sei fair, freundlich und solidarisch. Für mich ist in dieser Hinsicht Faker ein ewiges Vorbild. Als ich ihn 2019 auf einem All-Star-Event in Las Vegas traf, hätte ich mich fast nicht gewagt, ihn zu fragen, ob ich ein Foto mit ihm machen darf. Er ist für mich (wie für die meisten Gamer) der absolute Superstar, eine Ikone in Sachen Talent, Fleiß und Integrität. Als ich mich doch traute, war er superfreundlich, respektvoll und kooperationsbereit. Wenn alle Gamer, Streamer und Influencer so wären, würden sich die Kontroversen um toxische Tendenzen im E-Sport erübrigen.

## Casual-Player

### Kurzprofil

Wer in seiner Freizeit ab und zu zwei, drei Stunden am Tag zockt, sich gelegentlich in Foren oder auf Conventions tummelt, ansonsten aber weder Ambitionen noch Interesse hat, Gaming zum Lebensmittelpunkt zu erklären, gehört in die Kategorie der Casual-Player. »Casual« bedeutet »locker« oder »lässig« und beschreibt sein Verhältnis zum Gaming sehr gut: Das Hobby soll ein Hobby bleiben und nicht in Arbeit ausarten – eine konsequente Haltung. Hier steht der Spaß an vorderster Stelle, was nicht heißt, dass daraus keine Profikarriere werden kann. Letztendlich hat jeder Profi-Gamer irgendwann als Casual-Player angefangen.

## Geeignete Spielart

Das Schöne am Casual-Gaming ist: Es gibt keine Grenzen. Egal ob solo oder im Team, Community- oder Spiele-basiert, alles geht, solang es Spaß macht. Konkrete Empfehlungen machen für diesen Spielertyp also keinen Sinn. Casual-Gamer, die noch auf der Suche nach einem Stammspiel sind, sollten ihre persönlichen Bedürfnisse einfach mit den Fragen aus der Einleitung und dem Game-Check ab Seite 38 präzisieren. Worauf sie aber auch achten sollten, ist, dass sie in ihrer Lässigkeit nicht in die Pay-2-Win-Falle von Gacha-Games tappen: Hier nutzen Entwickler gezielt den Suchtfaktor und bewegen Spieler zu Impulskäufen von Zusatz-Content, ohne den das Vorankommen im Spiel schwer bis unmöglich ist. Es gibt immer wieder Skandalmeldungen über Menschen, die sich durch Gacha-Games heftig verschuldet haben. Ein Phänomen, das besonders bei Mobile Games für jüngere Zielgruppen, die noch kein Gespür für den Umgang mit Geld haben, immer wieder zum Problem wird.

## Tipps

Weil Casual-Gaming ein Freizeitvergnügen ist, ist es dabei umso wichtiger, dein Spielerlebnis so angenehm wie möglich zu gestalten. Das heißt: Spiel in einem Umfeld, in dem du dich wohlfühlst, lies dir die Tipps aus der Camp-Casual-Infobox (Seite 183) durch und achte in Communitys darauf, dass sie dich unterstützen und wachsen lassen, statt dir durch aggressives oder toxisches Verhalten den Spaß am Spiel zu nehmen. Ansonsten umgehe die erwähnte Gacha-Kostenfalle, indem du dich auf Free-to-Play-Spiele beschränkst oder Legacy Games spielst, für die du einmal einen festen Preis zahlst, danach aber keine Folgekosten mehr hast.

## Competitive-Player

### Kurzprofil

Im Unterschied zu Casual-Playern bekommen kompetitiv tickende Non-Casual-Gamer eigentlich nie genug vom Spiel. Sie unterbrechen es erst, wenn sie eine Quest erfüllt oder eine Battle gewonnen haben – und könnten in der Regel selbst dann noch weiterzocken. Diesen Spielertyp zeichnen die Lust am Wettkampf, Begeisterung fürs Spiel und eine lange Konzentrationsspanne aus. Damit ist er quasi prädestiniert für den E-Sport.

Während man Konzentration trainieren kann, sind Wettkampfbegeisterung und Spieltrieb, würde ich sagen, mehr oder weniger angeboren. Ich hatte schon als Kind eine große Spielfreude und eine hohe Affinität für Wettkämpfe und Challenges. Bei den meisten Profi-Gamern, die ich im Laufe der Jahre traf, war das ähnlich.

### Geeignete Spielart

RTS/MOBA-Games, Shooter, Sportsimulatoren, *Pokémon, PUBG Mobile* – in all diesen Bereichen finden Weltmeisterschaften statt, an denen Competitive-Player nicht nur wegen der hohen Preisgelder teilnehmen (obwohl die zweistelligen Millionenbeträge bei *Dota 2, Counter-Strike* und *Fortnite* sowie die konstant wachsenden einstelligen Millionenbeträge u. a. bei *LoL, PUBG Mobile* und *Call of Duty* auch immer gigantischer werden).

Aber ums Geld geht es ihnen im Wettkampf meist gar nicht. Sie wollen spielen, sich mit sich oder anderen messen und dadurch Erfolgserlebnisse sammeln. Dafür müssen es nicht immer die großen internationalen Turniere sein, denn bei denen muss man erstens Glück haben, um einen Fuß in die Tür zu bekommen, und zweitens wirklich sehr gut spielen. Da nicht jeder Competitive-Player ein Genie sein kann, finden für alle genannten und viele weitere Spiele regelmäßig Online-Turniere statt, an denen jeder teilnehmen kann. Je nach Spiel werden sie von der Community organisiert, manchmal auch von Spieleherstellern. Termine erfährt man über Foren und Websites wie z. B. EsportsCharts.com.

## Tipps

Wer viel vorm Monitor sitzt, muss Ausgleich schaffen – durch Bewegung, gesundes Essen und regelmäßige Auszeiten. Vergiss also nicht, dass sich deine Welt außerhalb des Spiels weiterdreht. Beachte die Regeln des Healthy Gamings (Seite 84) und bring Struktur in dein Spielverhalten, damit du immer das Game im Griff hast und nicht umgekehrt.

Zur Struktur können Kalender, Wecker, Wochenpläne oder auch einfach nur Rituale beitragen. Bei Unicorns bringen wir uns zum Beispiel systematisch in Wettkampfstimmung, indem wir für Turniere Team-Jerseys anziehen, uns vorm Start abklatschen, motivierende Musik abspielen oder Bilder von Gaming-Vorbildern, Freunden oder Familienmitgliedern aufstellen bzw. bei uns tragen. Für manche ist auch Meditieren oder Fitness vorm Wettkampf hilfreich.

Im Spiel selbst zeigt sich dann, wie gut Spieler mit Druck umgehen können. Viele fluchen, schimpfen oder schreien rum, wenn's schwierig wird oder sie verlieren. Je nach Professionalität rutschen dabei manchmal derbe Beschimpfungen raus. Die muss man nicht überbewerten, aber auch nicht pflegen – siehe meine Detox-Tipps (auf Seite 68).

# SELBSTANALYSE

Der Kapiteltitel schreckt auf den ersten Blick vermutlich viele ab – aber auf den zweiten muss jeder Gamer anerkennen: Gaming geht nicht ohne.

Bisher konnten sich einige vielleicht noch nicht für einen Spielertyp entscheiden, weil ihr Spielverhalten Aspekte unterschiedlicher Typen vereint. Das ist normal. Letztendlich sind die Spielerkategorien nur eine Einladung, sich anhand von Prototypen die eigenen Wünsche, Stärken und Bedürfnisse zu vergegenwärtigen. Erst danach geht's ans Eingemachte: Reflexion und Analyse. Beide sind ein wichtiger Bestandteil meiner Arbeit als Coach, gerade weil sie von vielen Gamern nicht mitgedacht werden. Für ein zielorientiertes und effizientes Gaming sind sie aber wesentlich. Das haben mir nicht nur meine eigenen Erfahrungen gezeigt, es wurde mir auch in der Gaming-Welt bestätigt – von Psychologen, E-Sport-Experten und nicht zuletzt von unserem Unicorns-Mental-Coach Colin.

Nur wer weiß, was er will, kann konsequent Ziele verfolgen; nur wer weiß, was er kann, kann es bewusst einsetzen; nur wer weiß, wer er ist, kann authentisch etwas verkörpern. Anders ausgedrückt: Wer sich selbst nicht kennt, ist wie ein Hund, der dem Knochen hinterherläuft. Er wird immer von den Forderungen und Bedingungen anderer fremdbestimmt – nicht nur im Spiel, auch im Leben.

Unser technisierter und kommerzialisierter Alltag macht Selbsterkenntnis zugegebenermaßen nicht einfach. Weil uns Werbung und Medien permanent andere Identitätsmodelle anbieten, werden wir ständig vom Wesentlichen (uns selbst) abgelenkt. Gerade junge Menschen setzen sich daher zu wenig mit sich selbst auseinander. TikTok, Twitter und sonstige Social-Media-Kanäle müssen gecheckt und bedient werden, und der ständige Austausch von Kommentaren und Meinungen wird zur Dauerbeschäftigung: Wie hat Karina aus der Parallelklasse ihren zickigen Tweet gemeint? Verdient Bens neues Fußball-Trikot ein Herz oder einen Daumen runter? Und wie gehe ich mit einem bösen Kommentar um – beantworte ich ihn, melde ich ihn, oder lasse ich ihn einfach stehen? Nicht nur zeitlich, sondern auch emotional ein Fulltime-Job.

Ich treffe selten 14- oder 15-Jährige, die sehr selbstanalytisch sind und genau verstehen, warum und wie sie auf bestimmte Situationen reagieren. Das ist nicht schlimm, solang der Mangel an Reflexion nicht zum Hindernis wird. Wenn du zum Beispiel nach jedem verlorenen Spiel vor Wut dein Keyboard zerstörst und danach ein neues kaufen musst, ist das ein Mangel von Selbstkontrolle, den ich hinderlich (weil teuer und nervig) einschätze. Wer will schon nach jedem Loss ein neues Keyboard kaufen? Ansonsten sollte man sich die Zeit nehmen und sich über ein paar Punkte klar werden. Das steigert die Lebens- und die Spielqualität. Durch die Hochs und Tiefs, die du beim Gaming erlebst, wirst du immer wieder mit dir selbst konfrontiert. Das merkst du im Eifer des Gefechts oft gar nicht, aber wenn du dich nach dem Spiel hinsetzt und das Game Revue passieren lässt, stößt du automatisch auf Schlüsselfragen wie: Was fällt mir leicht? Was fällt mir schwer? In welchen Situationen funktioniere ich am besten? Wann werde ich müde? Was spornt mich an? Was frustriert mich, und wie gehe ich mit meinem Frust um? Was macht ein Sieg mit mir? Wie verkrafte ich Misserfolge?

Wenn du es schaffst, dir diese Fragen ohne Selbstbetrug zu beantworten, hast du schon einiges über dein Spielverhalten, aber auch über deine Persönlichkeit gelernt – zum Beispiel, ob du ausdauernd, aufbrausend, motiviert, zögerlich, desinteressiert, überfordert, ehrgeizig oder konfliktstark bist. Schreib dir die Antworten am besten auf, überleg dir Maßnahmen, wie du Schwachpunkte ausgleichen und Stärken ausspielen kannst, und wende sie im nächsten Spiel bewusst an. Alles, was hilft, behältst du bei, alles, was nicht hilft, kannst du vergessen. In jedem Fall solltest du die Selbstbefragung nach dem Spiel regelmäßig wiederholen und die Maßnahmen verfeinern. Sobald sich ein Gefühl innerer Sicherheit einstellt, kannst du die Mittel der Selbstanalyse auf deine Mitspieler und Gegner ausweiten. Deren Verhalten einschätzen zu können, ist im Spiel fast genauso wichtig wie das Ausspielen eigener Stärken.

Wenn ich mit meinen Teams für Wettkämpfe trainiere, machen wir im Prinzip genau das: Wir erkennen Stärken und Schwächen, benennen sie und reagieren auf sie.

Für mich kommuniziert ein guter Spieler offen und präzise, was er verbessern möchte; er hat keine Scheu, sich selbst und andere konstruktiv zu kritisieren, und er hat sowohl sein eigenes Vorankommen als auch den Zusammenhalt im Team im Blick.

Neben Kombinationsgabe, Intelligenz, logischem Denken und gewissen mechanischen Fertigkeiten ist noch eine Eigenschaft unerlässlich: Disziplin. Wer ergebnisorientiert spielt und nicht ausschließlich als Casual-Gamer unterwegs ist, muss akzeptieren, dass der wahre Spaß meist erst dann kommt, wenn man zwischendurch auf ihn verzichtet. Sprich: Manche Fähigkeiten kann man sich nur durch konsequentes Training aneignen. Das bedeutet ständiges Wiederholen – auch wenn es manchmal monoton und trocken ist. Nur so werden Hindernisse zu Selbstläufern. Es ist wie beim Klavierspielen: Da musst du auch regelmäßig stumpf die Tonleitern üben, um am Ende die große Sonate spielen zu können. Ich sage meinen Leuten deshalb immer: Wenn's monoton ist, freut euch. Denn es heißt, dass der Spaß und das Belohnungsgefühl im Spiel später umso größer sind.

Disziplin ist fürs Training, was die Geduld für die Selbstanalyse ist. Mir ist klar, dass das gerade für junge Menschen uncool klingt. Aber die Erfahrung zeigt: Ein gutes Durchhaltevermögen in diesen Bereichen bringen dir oft mehr als ein Herz bei TikTok, eine schnippische Antwort auf Karinas zickigen Tweet oder eine Daumen-Bewertung zu Bens neuem Trikot. Es ist also okay, weniger Zeit mit den sozialen Medien zu verbringen und sich stattdessen selbst mehr Aufmerksamkeit zu schenken.

**Selbstanalyse im Überblick**

*Wofür ist das gut?*

Für zielorientiertes und effizientes Gaming ist es wesentlich, dass du dich mit dir selbst beschäftigst. Es hilft dir, deine Ziele zu definieren und sie konsequent zu verfolgen. Das nützt dir nicht nur im Spiel, sondern auch im Leben dabei, deinen eigenen Weg zu finden und dich nicht von anderen fremdbestimmen zu lassen, also freier zu sein.

*Schlüsselfragen der Selbstanalyse für Gamer*

- Was fällt mir leicht?
- Was fällt mir schwer?
- In welchen Situationen funktioniere ich am besten?
- Wann werde ich müde?
- Was spornt mich an?
- Was frustriert mich, und wie gehe ich damit um?
- Was macht ein Sieg mit mir?
- Wie verkrafte ich Misserfolge?

*Tipp*

Die Erkenntnisse der Selbstanalyse in konstruktives Handeln umzuwandeln, erfordert Disziplin. Das ist zu Beginn möglicherweise mühsam. Überliste dich daher selbst, indem du dich trotzdem an ihr erfreust und dich ständig erinnerst: Wenn's jetzt anstrengend ist, sind der Spaß und das Belohnungsgefühl später umso größer.

# GAME-CHECK

MOBA, Shooter, Adventure, Simulatoren, RTS oder Sonstige? Die Spiel-Genres und ihre E-Sport-Kompatibilität.

Der Bereich Gaming ist eine unendlich große Quelle – das ist faszinierend, aber auch herausfordernd. 2020 ging eine Statistik von Remarkable Coder viral, die besagte, dass über 1,18 Millionen Spiele weltweit im Umlauf seien. Da jedes Jahr mehrere Tausend neue veröffentlicht werden, ist das natürlich nur eine ungefähre Zahl, aber sie gibt einen Eindruck von dem riesigen Angebot. Die 1,18 Millionen unterteilten sich noch mal in Online-Spiele, Offline-Spiele und Games, die für bestimmte Konsolen entwickelt wurden. *Uncharted* wurde zum Beispiel exklusiv für PlayStation veröffentlicht, *CrossfireX* exklusiv für Xbox, *The Legend of Zelda – Breath of the Wild* exklusiv für die Nintendo-Konsolen Wii U und Switch. Konsolen sind teuer, und nicht jeder kann sie sich leisten. Damit hadern viele Gamer. Meiner Meinung nach braucht man weder teure Konsolen noch teure Spiele, um ein gutes Spielerlebnis zu haben. Ich habe für *LoL* zum Beispiel nie Geld ausgegeben (wenn man mal von zwei →Skins absieht, die ich gekauft habe, um sie meiner Freundin zu schenken). Aber ich habe nie für Content bezahlt. Gaming for free ist also möglich.

## Basic-Tipps zur Spielauswahl

- Je nachdem, ob du allein, zu zweit oder in der Gruppe spielen willst, such gezielt nach Empfehlungen für Singleplayer-, Koop-

oder Multiplayer-Games. Bei den meisten Games-Vertriebsplattformen können die Nutzer diese Kategorien gezielt auswählen. Gut sortiert, transparent und nutzerfreundlich ist diesbezüglich z. B. der Shop von Steam.

- Wenn du kein bestimmtes Spiel im Fokus hast, hol dir Empfehlungen von anderen Spielern – sei es im privaten Bereich, in Online-Foren wie Metacritic und Reddit, oder durch den Check von Bestenlisten und Statistiken der Vertriebsplattformen, deren Spitzentitel in der Regel repräsentativ für die Beliebtheit in der Community sind.
- Meide Gacha- und Pay-to-Win-Games, sie ziehen dir nur das Geld aus der Tasche! Grundsätzlich gilt: Spiele, die eine Historie haben, sind meist keine Pay-to-Win-Spiele, weil Pay-to-Win auf schnelles Geldverdienen und nicht auf Langlebigkeit angelegt ist. E-Sport-Titel sind per se langlebig, weil sie eine →player base brauchen. Für einen Publisher, der ins E-Sport-Geschäft einsteigen möchte, sind Free-to-play-Spiele im Prinzip Pflicht, denn nur mit ihnen kann man eine große Spielerschaft und eine starke Community aufbauen, die man braucht, um E-Sport zu finanzieren. Die größte Gefahr besteht bei Mobile Games und Lootbox-Games, bei denen man im Spielverlauf zu Impulskäufen (sogenannten Mikrotransaktionen) ermuntert wird, für die besonders Kinder und Jugendliche anfällig sind, die kein Gefühl für Ökonomie haben. In einigen Ländern, darunter Belgien und die Niederlande, ist der Verkauf von Spielen, die mit Mikrotransaktionen arbeiten, deshalb nicht mehr erlaubt. Hierzulande wird ein Verbot immerhin diskutiert. Jedenfalls sollten Eltern aufmerksam sein und ihre Kinder im besten Fall aufklären und begleiten. Im Erwachsenen-Segment wird der Markt von der Community gut kontrolliert. Bei Abzocke urteilt sie hart und laut, was die größten Teile der Community mitbekommen. Also im Zweifelsfall vorm

Kauf Foren checken. Anfängern empfehle ich, sich ausschließlich auf Free-to-Play-Content zu beschränken und in Shops von seriösen Vertrieben immer die Kategorie »Kostenlos« zu wählen.

- Lass es *easy* angehen. Das ist wörtlich zu nehmen. Wenn du in ein neues Spiel einsteigst, überfordere dich nicht durch die Wahl von zu komplizierten Spielen oder Spiel-Modi, das verdirbt dir nur den Spaß am Spielen. Für Anfänger, die zum Beispiel erst durch die Netflix-Serie *The Witcher* auf das Spiel aufmerksam werden, sonst aber keine Vorkenntnisse mit Action-Rollenspielen haben, wird das Spiel mit ziemlicher Sicherheit anfangs zu schwer sein. Da ist *Red Dead Redemption* deutlich einfacher. Ansonsten lassen sich in den meisten Spielen Grundeinstellungen wie »Easy/Beginner«, »Normal/Average« und »Hard/Expert« vornehmen. Bei *LoL,* wo sich die Spielschwierigkeit über die Eigenschaften des Champions, den man spielt, definiert, gibt es sogar sechs Schwierigkeitsstufen (Easy, Novice, Intermediate, Intermediate Plus, Advanced, Expert).

Ich vergleiche das Angebot immer mit einer Küche, die voll ist mit Zutaten, die du aber erst probieren und zubereiten musst, um zu wissen, welche dir am besten schmecken. Ob Rollenspiel, Krimi, Ego-Shooter, Zeitreisen, Storys, Zivilisationen aufbauen oder Fantasy – die Auswahl ist groß. Meinen Beobachtungen zufolge sind die interessantesten und populärsten Spiele meist diejenigen, die einerseits nah an der Realität sind und gleichzeitig ihre eigene Wirklichkeit entwickeln. Darin liegt eine große Faszination – in der Kombination von Vertrautem und der Erforschung fremder Welten. Auf den folgenden Seiten verschaffen wir uns einen Überblick über die wichtigsten verschiedenen Spiel-Genres und ihre repräsentativen Titel. Die Genres orientieren sich an den gängigen Games-Kategorien, die Sterne-Bewertungen an meiner persönlichen Einschätzung ihres Potenzials für bestimmte Faktoren von E-Sport-Kompatibilität bis Anspruch. Sechs Sterne bedeuten volle Punktzahl, einer eher wenig Potenzial. Beziehungsweise beim Kostenfaktor: Ein Stern steht für günstig, sechs Sterne für teuer.

## MOBA

E-Sport-Kompatibilität: ★ ★ ★ ★ ★ ★
Single-Player-Freundlichkeit: ★ ★ ★
Community-Aspekt: ★ ★ ★ ★ ★ ★
Kostenfaktor: ★
Anspruch: ★ ★ ★
Schauwert/Stream-Kompatibilität: ★ ★ ★ ★ ★ ★

MOBA steht für »Multiplayer Online Battle Arena« und ist streng genommen eine Unterkategorie der Strategiespiele. Weil MOBAs aber dank *Dota 2* und *LoL* ein wichtiger Teil des internationalen E-Sport-Geschehens und außerdem mein Haupttätigkeitsfeld ist, stelle ich sie in diesem Check als Sonderkategorie an den Anfang. Im Grunde spricht der Name für sich: Man spielt in Teams (Multiplayer), man spielt Online, Kern des Spiels ist eine Schlacht (Battle), deren Ziel es ist, das Hauptgebäude der gegnerischen Mannschaft zu zerstören, und das Ganze findet innerhalb einer begrenzten Karte statt, die sozusagen die Arena ist.

Exemplarischer Spielablauf am Beispiel *LoL:* Erst kommt die →Pick-and-Ban-Phase, in der die Spieler aus allen verfügbaren Charakteren ihre Champions auswählen und jeweils ein Fünfer-Team zusammenstellen. Die Spielerpositionen sind: Top Laner, Mid Laner, Bottom Laner, Jungle und Support (auf die Positionen gehe ich auf Seite 161 genauer ein). Anschließend werden die gewählten Helden im Brunnen ihrer Team-Hauptgebäude beschworen, dann ziehen sie in den Kampf, und das Spiel beginnt. In der *LoL*-Karte gibt es drei Linien: Top Lane, Bottom Lane, Mid Lane. Wie sie genau bespielt werden, hängt von der Strategie und der Aufstellung der Gegner ab. Innerhalb des Spiels kann man Punkte sammeln, Zauber anwenden und Monster umbringen und dadurch neue Fähigkeiten bekommen, die die Schlagkraft erhöhen. Das Spiel ist erst zu Ende, wenn ein Team das Hauptgebäude der Gegner zerstört hat. Dieses Team hat das Spiel gewonnen. Bei *StarCraft* gab es früher noch Spiele, die drei oder vier Stunden dauerten, aber die gibt es heute nicht mehr. Bei *LoL* beträgt die längste Spielzeit eine Stunde und 34 Minuten. Das war beim Spiel *Jin Air* gegen *SKT* im →Spring Split der koreanischen *LoL*-Meisterschaft 2018. In der Regel dauert ein Spiel heutzutage in etwa eine halbe bis Dreiviertelstunde.

### E-Sport:

Die Anfänge dieses Spiel-Genres war eine Mod für *Warcraft 3*, die der Beginn von *DotA* (steht für »Defense of the Ancients«) war. Die Erfindung des Begriffs MOBA wird *Dota*-Erfinder Steve Feak zugeschrieben. Einige bezeichnen das Genre auch als ARTS (Action Real Time Strategy). Markenzeichen dieses Bereichs ist seine hohe E-Sport-Kompatibilität. Events wie die *Dota 2*-Meisterschaft »The International« und die »*LoL* World Championship« füllen riesige Stadien. Die Teams sitzen dabei auf einer Bühne, und das Publikum verfolgt das Spiel live auf Leinwänden oder im Stream.

### Geeignet für:

Team-Player, Game-Player, Community-Player, Competitive-Player

**Spielempfehlung:**
*Dota 2* und *LoL* sind die anerkanntesten und meiner Meinung nach auch besten MOBAs. Großer Vorteil: Sie sind kostenlos. Einfach das Spiel downloaden und direkt losspielen. Pay-to-Win-Mechanismen gibt es hier im Prinzip nicht. Man bekommt zwar nicht von Anfang an den Endgame-Content, aber man muss ihn nicht zwangsläufig kaufen, sondern kann ihn sich erspielen. Die Optik bei *LoL* ist comic-haft, verspielt, kindlich und bunt. *Dota 2* ist ernster, erwachsener, robuster und rustikaler.

## Shooter

E-Sport-Kompatibilität: ★ ★ ★ ★ ★ ★
Single-Player-Freundlichkeit: ★ ★ ★ ★
Community-Aspekt: ★ ★ ★ ★ ★
Kostenfaktor: ★
Anspruch: ★ ★ ★ ★ ★
Schauwert/Stream-Kompatibilität: ★ ★ ★ ★ ★

Wir wissen alle, dass dieses Genre gerne für Amokläufe verantwortlich gemacht wird, was dem Ruf von Gaming im Allgemeinen schadet, aber fragwürdig ist, weil es meines Wissens keine tragfähigen Studien gibt, die belegen, dass Videospiele bzw. Shooter aggressions- und gewaltfördernd wirken. Stattdessen belegten laut einem CNN-Bericht vom August 2019 seriöse Institute wie The Royal Society und die Western Michigan University in der Vergangenheit immer wieder, dass es keinen direkten Zusammenhang zwischen Shooter-Gaming und Gewaltbereitschaft im analogen Alltag gibt. Überdies gibt es auch gegenteilige Meinungen, dass es eher dazu beiträgt, Aggressionen abzubauen. Ich bin davon überzeugt, dass es nicht die Spiele sind, die Menschen dazu bringen, durchzudrehen, sondern falsche Erziehung, falsche Vorbilder und soziale Schieflagen in der Gesellschaft.

Das Genre lässt sich in die Bereiche »First Person Shooter« und »Third Person Shooter« unterteilen. First Person Shooter werden in Deutschland als »Ego-Shooter« bezeichnet, weil man in der Egoperspektive spielt. Man sieht die Welt durch die Augen des Spiel-Charakters, während man bei der Third-Person-Perspektive hinter der Spielfigur steht und quasi ihr Schatten ist. Ziel ist bei beiden, den Gegner auszuschalten, ohne vorher selbst von ihm getötet zu werden. Bei *Counter-Strike* bedeutet das beispielsweise: Lege eine Bombe und sorge dafür, dass sie nach 30 Sekunden hochgehen kann, ohne dass der Gegner sie vorher entschärft, oder befreie Geiseln. Beides erfordert taktisches Geschick. Wird man im Spiel bei Schusswechseln getroffen, verliert man Lebenspunkte. Wer keine mehr hat, ist tot. Erfolgreiche Spieler können innerhalb des Spiels in höhere Ränge aufsteigen. Auf diese Weise werden sie im Game direkt mit Spielern verbunden, die auf ähnlichem Niveau spielen. Ansonsten gibt es auch hier unterschiedliche Spielerpositionen. Neben dem Game-Leader, der seinen Mitspielern sagt, wo sie hingehen und was sie tun sollen, gibt es zum Beispiel den Worker. Er versucht, hinter die Gegner zu kommen und sie nervös zu machen. Fiese Sache, denn wenn du nur nach vorne laufen musst, ist es einfach zu kämpfen, aber wenn du ständig nach hinten schaust, um dich abzusichern, wird's deutlich komplizierter.

### E-Sport:

Shooter sind ein kompetitives und sehr E-Sport-kompatibles Genre. Vor allem *Counter-Strike* setzt mit seinen Turnieren Maßstäbe. Da gibt es die Major- und die Minor-Turniere. Bei den Minors qualifiziert man sich für die Majors. Letztere sind riesengroße Offline-Events, bei denen in ausverkauften Hallen und Stadien der Hype tobt. Die besten 8 bis 16 Teams der Welt treten gegeneinander an, die Turniere werden weltweit gestreamt und erreichen bis zu eine halbe Million Zuschauer. Pro Jahr gibt es vier oder fünf Majors. Weitere wichtige Meisterschaften werden auch für *Call of Duty, Fortnite, Halo* und *Valorant* ausgetragen.

### Geeignet für:

Competitive-Player, Casual-Player, Team-Player

### Spielempfehlung:

*Valorant* und *Counter-Strike* sind nicht ohne Grund die populärsten Egoshooter-Titel. *Valorant* hat den Riot-Games-Style, ist comic-haft und verspielt, mehr auf Witz und bunte Charaktere ausgelegt. *Counter-Strike* dagegen lässt in sehr realistischen Settings Antiterroreinheiten gegen Terroristen antreten. Die Grafiken sind rudimentärer, die Skins sind eckiger und das Spiel weitgehend ohne eine Handlung. *Counter-Strike* gibt es seit 1999. Es ist eins der langlebigsten Spiele, das permanent erweitert und erneuert wird. Für Third-Person-Shooter ist *Fortnite* geeignet, in dem man gegen Zombies kämpft. All diese Titel sind wegen ihrer militaristischen Grundidee naturgemäß eher Titel für Erwachsene. Für alle drei Titel gibt es kostenlose Basisversionen.

## Simulatoren

E-Sport-Kompatibilität: ★ ★ ★
Single-Player-Freundlichkeit: ★ ★ ★ ★ ★ ★
Community-Aspekt: ★ ★
Kostenfaktor: ★ ★ ★
(Beim Kauf einer Simulatorenkonsole: ★ ★ ★ ★ ★ ★)
Anspruch: ★ ★ ★
Schauwert/Stream-Kompatibilität: ★ ★

Simulatoren sind eine Parallelwelt für sich. Das Prinzip ist einfach: Sportarten, Hobbys oder Jobs werden möglichst realitätsnah in den virtuellen Raum übertragen, wie beispielsweise Tauchen, Treckerfahren, Skispringen, Segeln, Autorennen, Hubschrauberfliegen, Busfahren oder Fußballspielen. Theoretisch ist so gut wie alles möglich, aber nicht alles ist auch gleich gut. In ihrer Gesamtheit sind Simulatoren weniger E-Sport- und Community-affin als andere Game-Genres, aber es gibt Ausnahmen wie *FIFA* und *Sim Racing*, für die es große Turniere und Communitys gibt. Wobei ich persönlich finde, dass *FIFA* ein untypischer Simulator ist, weil er letztendlich MOBA- und Strategiespiel-Anteile beinhaltet.

Bei Simulatoren-Gamern gibt es zwei verschiedene Herangehensweisen. Erstens: Der Simulator dient als Erweiterungs-Tool für eine Tätigkeit, die im realen Alltag ohnehin praktiziert wird. Zweitens: Der Simulator wird als Annäherung an eine Tätigkeit genutzt, die in der realen Welt nur schwer oder mit hohen Kosten umgesetzt werden kann. Ein gutes Beispiel für die erste Variante ist eSailing: Die Spieler, die diesen E-Sport professionell betreiben, bringen meist Erfahrungen im analogen Bereich mit – sie segeln also nicht nur virtuell, sondern auch in der Realität. Das sind echte Segel-Experten, die sich in der Regel sogar selbst coachen.

*Sim Racing* dagegen wird eher von Leuten praktiziert, die noch nie ein echtes Rennauto von innen gesehen haben. Der Simulator dient als Mittel, um sich dem echten Sport anzunähern, ohne die hohen Kosten und Gefahren tragen zu müssen. Hochrisiko-Action im Casual-Style sozusagen. Am Ende sind Gaming-Simulatoren oft weiterentwickelte Softwares, die als Übungsprogramm für angehende Rennfahrer, Piloten und Trucker entwickelt wurden.

### E-Sport:

Baseball, Radrennen, Rudern, Segeln und Autorennen waren die ersten fünf Sportsimulator-Disziplinen, die im Rahmen der Olympic Virtual Series bei den Olympischen Sommerspielen 2021 in Tokio als E-Sport-Wettkämpfe ausgetragen wurden. Die größten E-Sport-Disziplinen im Simulatoren-Bereich bleiben trotzdem *FIFA* und *Sim Racing*. Der *FIFA*e World Cup wird inzwischen ähnlich opulent zelebriert wie analoge Fußball-Events. Im Bereich *Sim Racing* finden neben der internationalen Formula 1 E-Sports Series gerade in Deutschland viele Turniere statt, darunter BMW SIM GT Cup, das Porsche Sim Racing Summit und die ADAC GT Masters.

### Geeignet für:

Casual-Player, Single-Player, Competitive-Player

### Spielempfehlung:

Im Bereich Autorennen gibt es gute und kostenlose Simulatoren wie *Trackmania* und *Classic Racers*, beim Fußball *IOSoccer* und *Soccer Manager*.

Was *FIFA* betrifft: Ich verstehe, dass die Marke und die Original-Avatare echter Champions-League-Spieler reizvoll sind, aber mit gutem Gewissen empfehlen kann ich das Spiel nicht. Die aktuelle Version kostet jährlich relativ viel Geld, wofür man eigentlich nur das gleiche Game bekommt – ergänzt durch ein paar neue Spieler, aber manchmal sogar mit einer schlechteren Grafik als vorher. Generell steht der Hersteller Electronic Arts (EA), der *FIFA* produziert, wegen seiner Anwendung von Pay-to-Win-Strategien bei Gamern oft in der Kritik.

Ich finde, wenn ich schon bezahlen muss, dann wenigstens für einen Kuriositätenbonus: Zunehmender Beliebtheit erfreut sich zum Beispiel der Landwirtschafts-Simulator von GIANTS Software. In dem Spiel fährt man mit Treckern durch die Gegend und bewirtschaftet einen Bauernhof. Es stieg 2019 mit der Gründung der Farming Simulator League in den E-Sport ein.

## Adventure

E-Sport-Kompatibilität: ★ ★
Single-Player-Freundlichkeit: ★ ★ ★ ★ ★ ★
Community-Aspekt: ★ ★ ★ ★
Kostenfaktor: ★ ★ ★
Anspruch: ★ ★ ★
Schauwert/Stream-Kompatibilität: ★ ★ ★ ★

Willkommen in der fantastischen Welt der Adventure-Games – das Genre für Game-Player- und Single-Player, das naturgemäß super anschlussfähig an den kulturellen Mainstream ist. Einerseits basieren viele Spiele auf Comics oder Filmen *(Sam & Max, Indiana Jones)*, umgekehrt inspirieren sie immer wieder zu Verfilmungen *(Tomb Raider, The Witcher)*. Die Fachwelt unterteilt dieses Genre zusätzlich in Action-Adventure, Horror-Adventure, Open-World-Adventure, Jump'n'Run-Adventure und Rollenspiel-Adventure. Ich definiere es der Einfachheit halber als geschichtenbasiertes Spiel, in dem du durch ein Abenteuer geführt wirst. Heißt: Hier geht es weniger darum, was du tust, als darum, an welcher Geschichte du teilhast.

Kompetitiv sind Adventure-Games in der Regel weniger, dafür sind sie erlebnisreich, fantasievoll und bunt. Bei anspruchsvolleren Titeln gleicht das Erlebnis der Erfahrung, ein Buch zu lesen oder einen Film zu schauen, bei einfacheren steht schlicht im Vordergrund, was ohnehin die Essenz des Gamings ist: in eine fremde Welt eintauchen und sie erkunden. Nicht ohne Grund sind die typischen Einstiegsspiele – *Zelda, Super Mario* und *Pokémon* – im weitesten Sinne Abenteuerspiele, also Story-Games mit liebenswerten Charakteren und einer Handlung, über die sich Kinder auf dem Pausenhof unterhalten können.

Bei Erwachsenen setzt sich die Vorliebe für Story-Games meist in einer Affinität zu Fantasy fort. Das ist realitätsnah, hat aber einen Twist. Da kommst du zum Beispiel in eine Welt, in der es keine Tiere, sondern nur Roboter gibt. Die Faszination besteht darin, diese Welt mit ihren anderen Werten kennenzulernen und zu erforschen. Anders als bei Filmen oder Büchern kannst du bei Games den Fortgang nicht nur beobachten, sondern mitgestalten. Ich denke, dass dieser Aspekt gerade in einer komplizierten Zeit wie unserer, in der Ziele oft unklar sind und viele das Gefühl haben, zu hohen Ansprüchen hinterherzulaufen, etwas Ermutigendes und Entspannendes hat, weil er statt Machtlosigkeit das Gegenteil suggeriert: Handlungsfähigkeit.

### E-Sport:

*Diablo, WoW* und *Dark Souls* sind Beispiele für Adventure-artige Spiele, wo du deine Charaktere im Game aufbaust und im PvP-Modus gegeneinander antreten lassen kannst. Ansonsten passen Adventure und E-Sport eigentlich nicht zusammen. Bei

Abenteuerspielen geht es um das Erkunden einer Welt, bei E-Sport um Wettkampf mit anderen Spielern. Beides zusammen geht schwer oder nur gebeugt. Bei den populären Spielen sind es eher E-Sport-kompatible Mods oder Erweiterungen der Originale, zu denen Turniere stattfinden. Die *Pokémon* World Championships konzentrieren sich zum Beispiel auf Ableger wie *Pokémon Tekken* und *Pokémon GO;* bei *Zelda* hat sich eine Wettkampfszene um den »Randomizer« etabliert (quasi eine Mod des Originals); bei *The Witcher* gibt es Turniere zu *Gwent,* ein Online-Sammelkartenspiel, das auf dem Original-Game basiert.

Die Community in dem Bereich ist sehr engagiert. Das sieht man zum Beispiel an den kreativen Kostümen auf den Conventions oder daran, dass Spieleentwickler CD Project RED und Netflix mit der WitcherCon 2021 ein jährliches virtuelles Fan-Event für Fans des *The Witcher*-Universums gestartet haben.

**Geeignet für:**
Casual-Player, Single-Player, Game-Player

**Spielempfehlung:**
Normalerweise tendiere ich dazu, Free-Download-Spiele zu empfehlen, aber Adventure Games kosten fast immer Geld. Mein Tipp: *Red Dead Redemption* und *Grand Theft Auto* (GTA). Beide stammen von Rockstar Games. GTA ist eines der größten Spiele, die es derzeit gibt. Im Fantasy-Bereich empfehle ich *The Witcher, Skyrim* und *The Legend of Zelda: Wind Waker* und *Uncharted.* Diese Spiele sind nicht nur populär, sie sind auch wirklich gut. Meine Favoriten sind *Red Dead Redemption* und *The Witcher*. Das sind voll ausgebaute Spiele mit detailreichen, liebevoll gebauten Storys, in die man richtig eintauchen kann.

## Real Time Strategy (RTS)

E-Sport-Kompatibilität: ★ ★ ★
Single-Player-Freundlichkeit: ★ ★ ★ ★ ★
Community-Aspekt: ★ ★ ★
Kostenfaktor: ★ ★ ★
Anspruch: ★ ★ ★
Schauwert/Stream-Kompatibilität: ★ ★ ★ ★ ★

Die Genre-Bezeichnung »Real Time Strategy« (RTS) geht auf *Command & Conquer*-Macher Brett W. Sperry zurück, der die Bezeichnung Anfang der 1990er-Jahre beim Release von *Dune II* einführte, um die Innovativität des Spielkonzeptes zu unterstreichen. In der Regel geht es darum, als Single-Player Einheiten aufzubauen und damit einen Gegner zu überrollen, der im direkten Gefecht (also in »Echtzeit«) besiegt wird. Der Echtzeit-Aspekt unterscheidet dieses Genre von rundenbasierten Strategiespielen wie *Civilization,* bei denen die Gegner ihre Spielzüge abwechselnd durchführen (die Mutter der rundenbasierten Strategiespiele ist also quasi Schach).

Sperry wollte wahrscheinlich die abschreckende Vokabel »Kriegsspiel« durch einen neutraleren Begriff ersetzen, obwohl es in dem Genre in der Regel genau darum geht. Eines der bekanntesten und meistverkauften RTS-Games ist *StarCraft* – neben *Counter-Strike* der erste große E-Sport-Titel. Ansonsten sind viele Merkmale des RTS-Spielkonzepts im Laufe der Jahre (auch durch den generellen Fortschritt der Echtzeit-Vernetzungsmöglichkeiten durch das Internet) in andere Genres übergegangen beziehungsweise erweitert worden. So bauten die ersten MOBAs Anfang der 2000er direkt auf dem RTS-Prinzip auf, indem die Spielemacher Multiplayer- und Adventure-Elemente hinzufügten. Im Angesicht des Siegeszuges der MOBAs wird in Zeitungsartikeln und Blogs immer wieder zu Abgesängen aufs RTS-Genre angehoben. Sie sind zwar nicht völlig von der Hand zu weisen, am Ende beeinträchtigen sie die Beliebtheit des Genres, insbesondere bei den Game-Playern, aber nicht.

### E-Sport:

Da RTS-Titel vom Grundprinzip her Singleplayer-Spiele sind, sind sie für E-Sport weniger geeignet als ihre Nachfolger aus dem MOBA-Bereich. Trotzdem finden sie im E-Sport statt, wenn auch mit schwindender Relevanz. Ein Grund dafür ist der fehlende Nachschub von neuen, E-Sport-kompatiblen Titeln. Die *StarCraft* World Championship Series wurde 2019 nach sieben Jahren Bestehen eingestellt. Auch E-Sports-Aktivitäten zu *Warcraft* und *Age of Empires* beschränken sich vor allem auf Multi-E-Sport-Events wie Cyber Games, DreamHack und Intel Extreme Masters statt auf eigene Großturniere. Auf Community-Ebene gibt es dennoch einige RTS-Turniere. Vizicsacsi hat zum Beispiel kompetitiv *Age of Mythology* gespielt, bevor er zu *LoL* gewechselt ist.

### Geeignet für:

Single-Player, Game-Player, Competitive Player

### Spielempfehlung:

Blizzard-Entertainment hatte als Publisher der Top-Titel *StarCraft* und *Warcraft* lange einen Ruf als führender RTS-Produzent inne. Zu Recht. Beide Spiele sind Klassiker und brauchen auch heute den Vergleich mit anderen Titeln aus dem Science-Fiction- und Fantasy-Segment nicht zu scheuen. Der Nachteil ist, dass zu beiden seit Jahren keine neuen RTS-Fortsetzungen erschienen sind. Stattdessen wurde das *Warcraft*-Universum mit *World of Warcraft* und *Hearthstone* in den MMORPG-Genre überführt. Das neueste Sequel zu einem RTS-Traditionstitel ist Age of Empires IV – eine empfehlenswerte Fortführung der 1997 gestarteten Ensemble-Studios-Serie. All diese Games sind keine Free-to-play-Titel, sie rechtfertigen mit ihrem Anspruch und ihrer Qualität aber im Preis, den man für sie zahlen muss.

## Sandbox

E-Sport-Kompatibilität: ★
Single-Player-Freundlichkeit: ★ ★ ★ ★ ★
Community-Aspekt: ★ ★ ★ ★ ★
Kostenfaktor: ★ ★ ★
Anspruch: ★
Schauwert/Stream-Kompatibilität: ★ ★ ★ ★ ★

Ganz klar definiert ist dieses Genre nicht, aber im Kern geht es um Kreativität. Häuser, Welten und Kulturen aufbauen – das ist die Aufgabe bei Sandbox-Games. Der Klassiker in diesem Bereich ist *SimCity,* wo man eine Stadt errichten muss. Heute ist der bekannteste Titel *Minecraft*. Für die jüngere Zielgruppe gibt es im Sandbox-Sektor *Roblox*. Damit steigt heute jedes zweite Kind ins Gaming ein. Ich vergleiche *Roblox* und *Minecraft* im analogen Bereich gerne mit Lego und Duplo – da baut das eine auch direkt auf dem anderen auf. Allerdings sind *Roblox* und *Minecraft* nicht, wie die beiden Lego-Marken, vom gleichen Publisher. Neben den genannten ist außerdem *Terraria* ein gutes Spiel.

Die Basis-Versionen von Sandbox-Spielen sind in der Regel kostenpflichtig, aber die Investition lohnt sich, weil man viel dafür bekommt. Außerdem haben viele Titel in dem Genre einen hohen Schauwert, den sich sogar Nicht-Gamer gerne auf YouTube anschauen.

## Rollenspiele

E-Sport-Kompatibilität: ★ ★
Single-Player-Freundlichkeit: ★
Community-Aspekt: ★ ★ ★ ★ ★ ★
Kostenfaktor: ★ ★ ★ ★
Anspruch: ★ ★ ★ ★ ★
Schauwert/Stream-Kompatibilität: ★ ★ ★ ★

Ein großer Bereich, über den bereits viele Bücher geschrieben wurden, sind Online-Rollenspiele: Spieler schlüpfen in zugewiesene oder gewählte Rollen, in denen sie in einer meist fantastischen Welt Quests erfüllen müssen. In der Basisvariante spricht man von Role-Playing-Games (RPG), die E-Sport-kompatible Fortsetzung sind Massive Multiplayer Online Role Playing Games (MMORPG). Weiterhin wird zwischen Player-versus-Environment-Games (PvE) und Pelayer-versus-Player (PvP) unterschieden. Während die Spieler im Bereich PvE gegen den Computer beziehungsweise gegen Bots antreten, spielen sie in der Kategorie PvP gegeneinander. Free-to-play ist in diesem Bereich nicht üblich, dafür gibt's eine sehr dynamische Fan-Kultur. Als Wiege des heutigen MMORPG-Angebots gilt *Everquest.* Meine Empfehlung ist aber *World of Warcraft,* worum sich auch eine E-Sport-Szene entwickelt hat. Mit Vorsicht zu genießen sind Sammelkarten-Rollenspiele wie *Hearthstone,* die das Konzept analoger Kartenspiele wie *Magic: The Gathering* aufgreifen, aber online angeboten werden. Da muss man Packs mit zufällig zugewiesenen Character-Karten kaufen. Wer dabei scharf auf einen bestimmten Character ist, tappt schnell in die Kostenfalle.

## Gacha-&-Lootbox-Games

E-Sport-Kompatibilität: ★
Single-Player-Freundlichkeit: ★ ★ ★ ★ ★ ★
Community-Aspekt: ★ ★
Kostenfaktor: ★ ★ ★ ★ ★ ★
Anspruch: ★ ★
Schauwert/Stream-Kompatibilität: ★ ★

In Japan ist Gacha Kult, trotzdem rate ich bei diesem Genre: Finger weg! Der Ausdruck Gacha geht auf die Spiel- und Kaugummi-Automaten-Kultur zurück, bei der man sich für geringe Geldbeträge kleine Überraschungen »zieht«, aber selten die bekommt, die man wirklich haben will. Ein gutes Beispiel sind die Jahrmarkt-Automaten, bei denen man per Greifarm Kuscheltiere schnappen kann, aber ohne Übung eigentlich immer scheitert. Gacha ist also eine niedrigschwellige Form des Glücksspiels. Das in Asien wohl populärste Gacha-Game ist *Genshin Impact,* und auch einige *Pokémon*-Titel *(Pokémon Masters)* gehören in die Kategorie. Das Fiese an diesem Genre ist, dass die Basisversionen zwar Free-to-play-Spiele sind, sie aber letztlich nur durch zugekauften Content spielbar sind. Im Onlinebereich sind es Lootboxen, mit denen Publisher zusätzliches Geld generieren. Lootboxen sind ins Spiel eingebaute »Schatztruhen«, für deren Öffnung man bezahlt, ohne ihren Inhalt zu kennen. Nach der kostenpflichtigen Freischaltung springen virtuelle Goodies heraus, die im besten Fall für ein kurzes Vergnügen sorgen. Meistens sind sie aber einfach nur sinnlos und enttäuschend.

# ONE WORLD: DIE GAMING-COMMUNITY

Der soziale Aspekt des Gamings wird oft unterschätzt. Dabei kann man ihn meiner Meinung nach gar nicht hoch genug schätzen. Willkommen in der bunten, internationalen, ermutigenden und diversen Welt der Player.

Einer Statista-Erhebung zufolge gab es im August 2021 weltweit 3,24 Milliarden aktive Gamer. Die meisten von ihnen lebten in Asien (1,42 Milliarden), Europa lag mit 715 Millionen auf Platz zwei, es folgten Lateinamerika (419,6 Millionen), Nordamerika (284,9 Millionen), die Staaten des Nahen Ostens und Nordafrikas (168,4 Millionen), das Afrika südlich der Sahara (143,6 Millionen) und Ozeanien (32 Millionen). Wie viel Gültigkeit diese Zahlen über ein Jahr nach ihrer Veröffentlichung für einen rasant wachsenden Bereich wie das Gaming noch haben, ist fraglich, aber die Ausmaße und Proportionen der Community spiegeln sie allemal wider. Was sie dagegen nur bedingt vermitteln, ist das Empowerment, das von der Szene ausgeht. Dabei ist das meiner Meinung nach eine ihrer größten Stärken.

Es ist mir wichtig, den Community-Aspekt beim Gaming zu betonen, weil er von Außenstehenden oft unterschätzt und manchmal ignoriert wird. Stattdessen scheint mir immer noch das Vorurteil sehr verbreitet, Gaming würde Menschen isolieren. Das Gegenteil ist der Fall: Videospiele verbinden Menschen über Ländergrenzen, Klassen, Ideologien und körperliche Einschränkungen hinweg. Die wenigsten Gamer sitzen allein vorm Rechner und kapseln sich von der Außenwelt ab. In der Regel sind selbst Single-Player im Austausch mit anderen, sei es nur dadurch, dass sie Kommentare und Ratschläge von anderen im Chat verfolgen. Es findet also sehr viel Kommunikation und Vernetzung statt.

Extrovertierte Menschen werden in der Gaming-Welt nie Probleme haben, Anschluss zu finden. Sie können sich richtig austoben. Das Schöne am Gaming ist aber, dass ebenso introvertierte Menschen eine Chance haben, wahrgenommen zu werden. In der Community definieren sich alle über das Interesse an einem bestimmten Spiel und treffen anfangs meist nur als Avatare im virtuellen Raum aufeinander. Die Selbstdarstellung, die in der analogen Welt den ersten Eindruck prägt, ist oft zweitrangig. Stattdessen kann über Wissen, kreative Ideen und gute Leistungen Aufmerksamkeit erzeugt werden. Das entsteht organisch: Erst begeisterst du dich fürs Spiel, dann lernst du Ranglistenspiele kennen, möchtest mithalten, beobachtest andere Spieler und orientierst dich an ihnen. Für introvertierte Menschen ist das ein guter Trigger: Im realen Leben scheuen sie Konkurrenz und vermeiden Kontakt, aber der Wettkampf im Spiel kitzelt den Ehrgeiz, schafft Erfolgserlebnisse und stärkt die persönliche Entwicklung. Mir hat es gezeigt, dass ich in etwas gut bin. Das hat mein Selbstwertgefühl gehoben und mich dazu ermutigt, mehr soziale Kontakte zuzulassen, was sich auch auf mein reales Leben ausgewirkt hat.

Um also noch mal auf das Stichwort »Isolation« zurückzukommen: Ich denke, wenn Eltern das Interesse ihres Kindes an einem Game unterbinden – indem sie minimale Spiel-Zeiten veranschlagen, Gaming-bezogene Geschenke verweigern oder Spielen sogar generell verbieten –, dann isolieren sie ihr Kind heutzutage mehr, als es ein Spiel je tun könnte. Nicht nur, weil das betroffene

Kind auf dem Pausenhof nicht mitreden kann oder weil ihm gegebenenfalls später Fähigkeiten fehlen, die es in der zunehmend technisierten Arbeitswelt der Zukunft gut gebrauchen könnte. Diese Verbote hindern Kinder auch an der Weiterentwicklung ihrer Spielinteressen und am Ausbau von Kontakten in der Gamer-Community. Aber damit genug von den Widerständen. Im Folgenden versuche ich, die Vernetzungs-Dynamik der Szene anhand eines Fünf-Stufen-Modells zu verdeutlichen, das hoffentlich nachvollziehbar macht, wie aus einer singulären Tätigkeit ein kollektives Erlebnis werden kann.

## Spielen

Am Anfang heißt es: Spielen, Infos sammeln, gucken, was die anderen machen, spielen, Infos sammeln, spielen, spielen, spielen. Denn für dich zählt zunächst: Finde das Game, das dir nicht nur Spaß bringt, sondern dich auch wirklich interessiert. Danach kannst du tiefer gehen – checke YouTube- und Twitch-Channels, sieh dir Let's Plays und Live-Streams von Turnieren an, ebenso Websites, Fan-Foren, Online-Tutorials oder einfach Reddit (immer noch die größte Social-Plattform für Gamer). Dabei musst du nicht alles lückenlos kennenlernen (das geht sowieso nicht), sondern bleib an den Quellen dran, die dir am hilfreichsten erscheinen, und verbessere mit ihrer Hilfe deine Skills. Beobachte im Game außerdem Mitspieler, die auf ähnlichem Level spielen, und schau dir von ihnen etwas ab.

## Kontakte knüpfen

Hast du eine gewisse Routine im Spiel entwickelt und einen groben Überblick darüber, welche Themen gefragt, welche Entwicklungen neu und welche Spieler am Start sind? Dann ist es Zeit für den ersten Schritt aus der Anonymität! Dieser ist auf unterschiedlichen Wegen möglich: durch Ranglistenspiele (indem du aktiv in Konkurrenz trittst); durch Beiträge in Diskussionen, Chats und Foren; oder indem du direkt andere Spieler anschreibst und sie fragst, ob ihr zusammen spielen wollt.

Das kann aufregend bis stressig sein. Als ich mich als 14-Jähriger, mit vor Aufregung wackelnder Piepsstimme zum ersten Mal in einen TeamSpeak-Chat bei *DotA* einklinkte, war ich anfangs total überfordert. Erstens waren die anderen älter und cooler als ich (das glaubte ich zumindest, denn auf mich wirkten damals einfach alle Älteren cooler, selbst wenn sie es in Wahrheit vielleicht gar nicht waren), zweitens musste ich mich an den Slang, die unterschiedlichen Stimmen und das Multitasking gewöhnen. Für manche sind Voice-Programme tatsächlich nicht geeignet, sie schreiben lieber. Aber auch das will gelernt sein. Generell kommuniziert man viel auf Englisch und mit diversen Abkürzungen (siehe Infokasten). Die Kontaktaufnahme aber ist simpel: Einfach bei einem →Discord Server anmelden oder direkt Anfragen in Foren, Google- und Facebook-Gruppen posten. Normalerweise antwortet immer jemand.

**Chat-Abkürzungen und ihre Bedeutung**

| | |
|---|---|
| afk | away from keyboard/nicht an der Tastatur |
| bm | bad manners/schlechtes Benehmen |
| brb | be right back/bin gleich wieder da |
| dc | disconnect/Verbindung unterbrochen |
| dps | damage per second/Schaden pro Sekunde |
| EXP/XP | Experience/Spielerfahrung |
| EZ | easy/locker |
| FF | forfeit/ Ich geb mich geschlagen! |
| gg | good game/Gutes Spiel |
| gg wp | good game, well played/Gutes Spiel, gut gespielt! |
| glhf | good luck, have fun/Viel Glück, habe Spaß |
| IRL | In Real Life/Im realen Leben |
| n1/ns | nice one/Gute Aktion oder nice shot/Guter Schuss |
| omfg | Oh my f*** god/verstärkte Form von »omg« |
| omg | oh my god/Oh, mein Gott! |
| oom | out of Mana/Mana (Zauberkraft) aufgebraucht! |
| ty | thank you/Danke |
| wb | welcome back/Willkommen zurück |

## Vernetzen

Je nachdem, ob du Game-Player oder Community-Player bist, sind die Ziele beim Vernetzen unterschiedlich. Sprich: Ist das Spiel Mittel zum Zweck, um mit anderen über alles Mögliche zu kommunizieren? Oder ist die Kommunikation dafür da, um im Spiel voranzukommen, ebenbürtige Mitspieler zu finden und gegebenenfalls ein Team zu gründen?

Mir war immer das Zweite wichtiger. Schon vor meinem TeamSpeak-Outing hatte ich Gelegenheits-Teams bei *Warcraft 3* und *Dota*, aber erst als ich zu *LoL* wechselte, wurde es ansatzweise offiziell – ich hatte eine feste Besetzung, Verabredungen für Trainingsspiele und eigene Team-Namen. Wenn man fünf Leute zusammenhat, mit denen alle fünf Spiel-Positionen besetzt sind (bei *LoL* Top Lane, Mid Lane, Bottom Lane, Jungle und Support), ist die Basis gelegt. Danach geht's ans Definieren von Zielen, Organisieren von Turnieren und das Aufbauen einer Team-Identität. Mit der Benennung eines Teams kann man zum Beispiel gleich ein Zeichen setzen. Viele arbeiten mit martialischen Namen wie TeamTryhard, WeCanDoIt, BestOfTheBest, ExtremeExperia (das sind fiktive Beispiele, um den superlativischen Ansatz zu verdeutlichen, Ähnlichkeiten zu Namen echter Teams sind nicht beabsichtigt). Weil mir solche Bezeichnungen immer zu angeberisch klangen, nannte ich mein erstes Team »Rainbow Bunny Lovers«. Es hat mich immer amüsiert, wenn wir gegen BestOfTheBest oder ExtremeExperia gewannen, nach dem Motto: Fluffig schlägt hart, und bunt schlägt bierernst. Mich erinnerte das immer daran, dass es beim Spielen auch in Konkurrenzsituationen um Spaß gehen sollte.

## Events

Es liegt in der Natur der Sache, dass beim Gaming viele Events virtuell stattfinden – von Turnieren über Fan-Treffen bis zu Experten-Panels und Game-Launch-Partys. Das Internet macht's möglich. Trotzdem kommen jedes Jahr auch physisch Millionen von Menschen im Zeichen des Gamings zusammen. Vorausgesetzt, es herrscht nicht gerade eine Pandemie, haben Conventions wie DreamHack (Schweden), Tokyo Game Show (Japan) und ChinaJoy (China) weit über 100 000 Besucher. Die größte Gaming-Messe ist die Gamescom in Köln. Bei der Ausgabe 2019 wurden 370 000 Besucher gezählt. Dennoch sind die Zahlen im

Online-Bereich weitaus größer. Im Vergleich: Bei der virtuellen Ausgabe der Gamescom 2021 wurden laut Veranstalter 13 Millionen digitale Teilnehmer gezählt.

Hinzu kommen Stadion-Finale von E-Sports-Turnieren, wie die Weltmeisterschaften für *Dota 2, LoL, Fortnite, Evolution, Honor of Kings* und *Counter-Strike* – um die größten zu nennen. Bei solchen Veranstaltungen triffst du Gleichgesinnte aus aller Welt. Auch das kann ganz schön überwältigend sein.

Mein erstes analoges Event war die Insomnia 51 in Coventry, wo wir 2014 zum ersten Mal als Unicorns of Love bei einem Offline-Event antraten. Nachdem Vizicsacsi, Xodiaz, Vardags, Hylissang und ich monatelang zusammengespielt und über TeamSpeak kommuniziert hatten, kamen wir hier zum ersten Mal persönlich zusammen. Das fühlte sich total verrückt an. Wie ein erstes Date, das es ja irgendwie auch war. Mein Herz raste vor Spannung, aber auch aus Sorge, dass wir uns in der realen Welt nicht verstehen würden. Wir trafen uns am Londoner Flughafen Heathrow und fuhren von dort aus mit dem Zug nach Birmingham. Fünf Nerds, vier davon sehr schüchtern. Nur Vardags war ein bisschen aufgeschlossener. Wir anderen standen da wie Welpen, die sich gegenseitig beschnuppern. Hylissang hatte sogar seinen Bruder mitgebracht, damit er nicht selbst sprechen musste. Aber dann fuhren wir zur Insomnia, redeten über *LoL,* traten gemeinsam im Turnier an und … gewannen. Spätestens nach dem Sieg sorgte sich keiner von uns mehr, vielmehr schweißte das gemeinsame Erlebnis uns zusammen.

In der Art erleben viele Gamer ihre ersten Begegnungen mit Leuten, die sie im Netz kennengelernt haben. Anfangs sind alle skeptisch, aber am Ende setzen sich die Sympathien, die man online entwickelt hat, meist in der Realität fort. Und oft entstehen Freundschaften, die eine größere Tiefe haben als reine Online-Kontakte.

Als Jugendlicher habe ich mich fast nie mit anderen getroffen, weil ich glaubte, dass nur meine Familie mich versteht. Also zog ich mich zurück. Doch durch das Gaming wurde mir klar, dass es sehr wohl andere Menschen für mich gibt – ich musste nur an die richtigen Orte gehen, um sie zu finden. Inzwischen arbeite ich als Coach, komme ständig mit Menschen zusammen, bin Ansprechperson, Berater und Moderator. Wie viel Energie und Freude das bringt, hätte ich mir früher nie vorstellen können. Von daher kann ich jeden nur ermuntern, über seinen Schatten zu springen – schon um die eigene geistige Gesundheit zu sichern.

Psychologen sind sich einig, dass es für die Entwicklung des Menschen wichtig ist, nicht nur virtuell, sondern auch in der realen Welt persönliche Begegnungen zu haben. Sie fördern zum Beispiel das Gehirn viel mehr, weil man dabei Mimik, Gestik, Blicke, Gerüche und Berührungen des Gegenübers verarbeitet. All das trainiert die Kognition, also die Gesamtwahrnehmung und damit die Fähigkeit, auf Situationen und Menschen zu reagieren. Vernachlässigt man also seine Kognition, verursacht irgendwann jede Begegnung intensiven Stress und Verunsicherung. Das kann in manchen Fällen zu Depressionen führen.

Was ich damit sagen will: Wenn du mit den Leuten aus deiner Schule oder Arbeit nichts anfangen kannst und du deine Zeit lieber mit Gleichgesinnten online verbringst, ist das nachvollziehbar. Aber versuch auf jeden Fall, auch persönliche Treffen mit deinen Online-Bekannten zu organisieren. Natürlich nur mit denen, die du besser kennst. Bevor du ein Real-Life-Treffen mit einer Person ausmachst, die du online getroffen hast, solltest du mit ihr nicht nur geschrieben, sondern auch mehrfach gesprochen und über Webcam kommuniziert haben, um sicherzugehen, dass die Person a) echt und b) vertrauenswürdig ist. Von Verabredungen mit Leuten, die sich nicht zeigen oder anonym bleiben wollen, rate ich dringend ab. Wer sich dir im realen Leben zeigen will, kann es auch online tun. Ansonsten ist für die erste Begegnung ein öffentlicher Raum ratsam, in dem auch andere Menschen unterwegs sind und ihr einander nicht komplett »ausgeliefert« seid. Eine Gaming-Convention ist zum Beispiel ein guter Treffpunkt, zumal ihr dort direkt eurem gemeinsamen Interesse nachgehen könnt.

Werden diese Punkte berücksichtigt, kann ich nur ausdrücklich dazu ermutigen, den Schritt von online zu offline zu wagen. Nicht nur, weil es – wie ich selbst feststellen durfte – Freude macht, sondern auch, weil andernfalls eben doch die Gefahr der Isolation besteht. Daran ist dann zwar nicht das Gaming schuld, sondern meist Faktoren, die ihren Ursprung in der analogen Welt haben (zum Beispiel familiäre Probleme oder generelle Bindungs- und Berührungsängste), aber der Effekt ist der gleiche: Man braucht professionelle Hilfe. Das ist okay, und es hilft, das weiß ich aus eigener Erfahrung. Aber wenn man einer Therapie zuvorkommen kann, indem man das Schneckenhaus rechtzeitig verlässt, scheint mir das nicht nur unkomplizierter, sondern auch deutlich glückbringender. Ich höre immer wieder von Gamern, dass sich die Freude, die eine gelungene Offline-Begegnung erzeugt, wie im Schneeballeffekt vermehrt. Eine schöne Erfahrung macht Lust auf weitere, führt zu neuen Bekanntschaften, inspiriert und weitet den eigenen Horizont. Sollte ein Offline-Treffen wider Erwarten nicht zur Zufriedenheit verlaufen, also nicht gleich den Kopf in den Sand stecken. Da draußen gibt es schließlich noch 3,24 Milliarden Gamer, mit denen es beim zweiten Versuch vielleicht besser klappt.

## Willkommen in der Community!

Die Teilnahme an Turnieren ist nur eine Möglichkeit, die verbindende Kraft des Gamings zu feiern. Andere unterstützen ihre Lieblings-Teams in Fangruppen, dokumentieren Conventions für Social Media, treffen sich bei Tauschbörsen für Merch und Equipment oder machen Cosplay. Ein Besuch bei der Gamescom oder einer ähnlichen Veranstaltung genügt, um vom Enthusiasmus der Anwesenden infiziert zu werden.

Das Besondere an Offline-Veranstaltungen ist auch, dass man dort sieht, wie vielfältig die Gaming-Community ist. Da trifft der Anwalt auf den volltätowierten Hardcore-Metaller, der Jetset-Millionär auf den unerfahrenen Schüler oder der Nerd auf den durchgestylten Influencer. Aber so unterschiedlich die Persönlichkeiten sind, so vereint sind sie in ihrer gemeinsamen Leidenschaft. Auch der Austausch zwischen Kulturen passiert im wörtlichen Sinne spielerisch. Der amerikanische Einfluss ist beim Gaming groß, weil die Verkehrssprache in der Community Englisch ist und viele berühmte Teams, Influencer und Publisher in den USA sitzen. Vor allem aber blicken Gamer nach Asien, weil dort die besten GOATS herkommen, der größte Gaming-Konzern der Welt in China sitzt (Tencent) und E-Sport in Japan und Südkorea eine Art Nationalsport ist. Im Vergleich zu diesen Weltregionen ist Europa in vielen Bereichen immer noch Entwicklungsland. Allerdings ändert sich das gerade. Ein Grund ist, dass immer mehr Gaming-Häuser eröffnen, die als Treffpunkte für Gamer konzipiert und technisch optimal ausgerüstet sind, um E-Sport zu praktizieren. In Italien gibt's das Qlash House, in Polen das Kinguin Esports Performance Center, in Schweden das »Digital Culture Center« Space, und in Deutschland bauen wir mit Unicorns of Love gerade das RCADIA in Hamburg auf, wo ab 2023 auf 20 000 Quadratmetern Gaming in großem Stil für Profis, Casuals und Neugierige möglich sein wird. Auch in Leipzig und Nürnberg sind mit dem R42 und dem Project HIVE Nerdkultur-Zentrum große Projekte am Start.

Kleinere, voll ausgestattete Bootcamp-WGs und E-Sports-Zentren, in denen sich Teams für Trainings-Einheiten einmieten können, gibt es inzwischen in allen Ländern und Bundesländern und für alle größeren Spiele und Ligen. Die Gaming-Community bietet also jede Menge Möglichkeiten, auch abseits des PCs Entdeckungen zu machen und den Horizont zu erweitern.

**Gaming-Community im Überblick**

*Spielen*

Wer mitreden will, muss Erfahrungen sammeln. Im Gaming heißt das: Probiere so viel wie möglich aus, erkenne deine Stärken und verfeinere sie, um deine Mitspieler zu beeindrucken.

*Kontakte knüpfen*

In der Gaming-Szene ist es nicht schwer, andere kennenzulernen. Für die schriftliche Kontaktaufnahme gibt es Foren, Chats, Kommentarfunktionen, Discord-Server und Social-Media-Gruppen. Ein noch direkterer Kommunikationsweg ist Sprachkonferenz-Software wie TeamSpeak und League-Voice.

*Vernetzen*

Viele Gamer haben Interesse daran, mit einem festen Team zusammen zu spielen – nicht zuletzt, weil ein eigenes Team der erste Schritt zum E-Sportler ist. Halte im Game gezielt nach Leuten Ausschau, die dir als starke Solo-Spieler auffallen, und frage sie, ob ihr mal zusammen spielen wollt. Auf diese Weise sind viele der heute großen E-Sport-Teams entstanden.

*Events*
Psychologen sagen, dass analoger Kontakt mit anderen Menschen für die Entwicklung der Persönlichkeit wesentlich ist, weil er die Kognition schult. Für persönliche Begegnungen sind in der Szene Fangruppen, Conventions, Messen und Offline-Turniere da. Vor physischen Treffen mit Online-Bekannten ist es wichtig, durch Webcam-Chats und Gespräche sicherzustellen, dass die Person vertrauenswürdig ist.

*Willkommen in der Community*
In der Gaming-Welt treffen unterschiedlichste Temperamente, Typen und Nationalitäten aufeinander. Nutze diese Vielfalt, um dich selbst weiterzuentwickeln und um neue Städte, Sprachen und Kulturen kennenzulernen. Offenheit und Neugier sind die Schlüssel zur Gaming-Community.

## DETOX-TIPPS

Entspannung statt Entrüstung: Zum Umgang mit toxischen Tendenzen in der Gaming-Welt.

Schnauze!«, »Asshole!«, »Stirb, du Noob!« – das sind noch die netteren Flüche, die einem beim Zocken um die Ohren gehauen werden. Community-Power hin oder her, in der Gaming-Welt wird viel geflamed, also beschimpft. Die Gründe dafür sind unterschiedlich: Einer ist sicher, dass die Szene noch immer von pubertierenden jungen Männern im Alter zwischen 12 und 22 Jahren dominiert wird, die ihr Temperament nicht unter Kontrolle haben; ein weiterer ist, dass besonders Wettkampf Stress erzeugt, der sich in unbedachten Äußerungen niederschlägt; der dritte Grund ist, dass Gruppenzwang dazu führt, dass manche Begriffe von einer Gamer-Generation an die nächste weitergegeben werden. Die Jüngeren kopieren die Sprache der Älteren, um reifer oder härter zu wirken.

Im Eifer des Gefechts wird aber nicht nur viel be-, sondern auch geschimpft. Eine Analyse des Web-Portals OnlineGambling.com aus dem Jahr 2020 ergab, dass die sechs häufigsten Schimpfwörter in Gamer-Foren bei Reddit wenig überraschend »Shit«, »Fucking«, »Fuck«, »Ass«, »Fucked« und »Crap« waren. Außerdem wurde ermittelt, dass PC-Gamer angeblich mehr fluchen als Konsolen-Gamer, die schärfste Fluch-Kultur unter *Dota 2*-Spielern herrscht, während sich Spieler von *Minecraft* und *Diablo* vergleichsweise gesittet ausdrücken.

Meine Meinung zum sogenannten Swearing ist: Wenn man total im Spiel ist, sich voll reinhängt, aber Rückschläge kassiert, ist es verständlich, dass Frust aufkommt, der sich in derben Kommentaren äußert. Bildlich gesprochen: Wenn du dir mit voller Wucht einen Hammer auf den Finger haust, vor Schmerz aufschreist, und dann kommt jemand und sagt: »Schrei doch nicht so rum« – dann reagierst du vielleicht auch ungehalten und erwiderst: »Halt die Schnauze!« Das ist dann nicht vornehm, aber es ist der Situation geschuldet und in der Regel nicht persönlich gemeint.

Zwei Drittel der Beschimpfungen entstehen vermutlich im Affekt. Das heißt nicht, dass man sie deswegen gut finden muss, aber man sollte sie auch nicht überbewerten.

Hinzu kommt, dass in einem internationalen Feld wie Gaming verschiedene Kulturen aufeinandertreffen, die beim Schimpfen unterschiedliche Maßstäbe ansetzen. Als ich das erste Mal mit einem russischen Team trainierte, glaubte ich noch, ich wäre einigermaßen an den harten Umgangston der Community gewöhnt. Aber die Derbheit der Beschimpfungskultur in Russland hat mich noch mal schlucken lassen. Anfangs schritt ich häufig ein, um die Spieler für ihre Ausdrucksweise zu sensibilisieren. Nach kurzer Zeit merkte ich allerdings, dass manche Flüche harmloser gemeint waren, als sie klangen (besonders, wenn sie auf Englisch, also nicht in der Muttersprache der Spieler, ausgestoßen wurden). Das war dem mangelnden Gespür für die fremde Sprache geschuldet. Natürlich machte ich trotzdem weiter darauf aufmerksam. Aber mir wurde klar, dass man den (kulturellen) Kontext eines Fluchs mitberücksichtigen muss.

Nichtsdestotrotz: Wenn's toxisch wird, ist Schluss mit lustig. Menschenverachtende, rassistische und sexistische Kommentare als auch Mobbing sind tabu. In einer Gemeinschaft sollten die Mitglieder einander unterstützen und sich nicht gegenseitig fertigmachen.

Kraftausdrücke sollten für dich also nicht zu sehr zur Masche oder Gewohnheit werden. Zum einen wegen des Vorbild-Effekts (siehe oben: Jüngere ahmen das Verhalten der Älteren nach), zum anderen kannst du deine Zukunft als Gamer gefährden. Im Zweifelsfall wirst du irgendwann gemeldet und geblockt. Wer eine Karriere im E-Sport anstrebt, muss sich das Fluchen abgewöhnen. Auf offiziellen Gaming-Events herrscht ein hohes Bewusstsein für Political Correctness. Spieler, die bei einer E-Sport-Organisation einsteigen, müssen sich in der Regel doppelt dazu verpflichten, toxisches Verhalten zu unterlassen. *LoL*-Spieler haben zum Beispiel nicht nur Verträge mit ihren Teams, sondern auch mit dem *LoL*-Publisher Riot Games. Sie beinhalten, dass sie rausfliegen, sobald sie sich menschenverachtend und rassistisch äußern.

## Detox-Maßnahmen im Überblick

- Am besten fängt man gar nicht erst mit Swearing an. Ansonsten gewöhnt man es sich möglichst schnell ab – dafür empfehle ich ein paar Detox-Methoden, die ich auch mit meinen Leuten anwende:
- Analysiere dein Fluchverhalten auf die häufigsten Flüche und Schimpfwörter und schreibe sie auf.
- Präge dir die aufgeschriebenen Flüche ein und mache eine Konzentrations-Battle mit dir selbst, bei der du jedes Gewohnheits-Schimpfwort durch einen unverdächtigen Alternativ-Begriff ersetzt. »Sonne« statt »Arschloch«, »Schock« statt »Scheiße«, »Heb ab« statt »Verpiss dich«, »Bam« statt »Fuck« usw.
- Neigst du zu Selbstbeschimpfungen? Dann übe dich in mehr Selbstliebe. Das ist ein großes Thema bei meiner Arbeit als Coach. Es gibt sehr viele Menschen, denen nie gesagt wurde, wie toll sie sind oder wie bemerkenswert ihr Einsatz ist. Deshalb haben sie nie Selbstliebe entwickelt. Im Gaming-Bereich scheint mir dieses Phänomen sehr ausgeprägt zu sein. Steuere gegen, indem du nachsichtig mit dir selbst bist und dich bei guten Aktionen lobst, statt dich bei Fails selbst zu beschimpfen.
- Falls du mit anderen Leuten zusammenspielst, kontrolliert und korrigiert euch gegenseitig. Oft ist es einfacher, Flüche bei anderen zu bemerken als bei dir selbst.
- Führ(t) eine Fluch-Kasse ein – für jeden unbeabsichtigten Fluch ist ein Euro fällig.
- Besorge dir einen Knautschball oder eine Punching Bag für den Desktop, die du knautschst/boxt, statt zu fluchen.
- Weise auch unbekannte Mitspieler darauf hin, wenn sie sich unangemessen verhalten oder wenn sie in einem Chat einen deplatzierten Kommentar schreiben.

# ROLE MODELS

Gut spielen ist eine Sache, sich in der großen weiten Gaming-Welt keine Fehltritte zu erlauben, eine andere. Da kann es nicht schaden, sich an Vorbildern zu orientieren, die es schon an die Spitze geschafft haben. Hier kommen sie!

Das Leben ist kurz, also lasst es uns gemeinsam genießen und das Beste draus machen. So lautet unser Motto bei Unicorns of Love. Wir wollen professionell sein, aber nicht verbissen, sondern mit Witz und einem Augenzwinkern. Wir amüsieren uns lieber auf unsere Kosten als auf die Kosten anderer. Daher hatten wir nie schlechte PR wegen Bad-Manner-Skandalen oder weil wir Spieler schlecht behandelt hätten. Sollten sich ein paar unserer Follower an unserem Motto und Ethos ein Beispiel nehmen oder dadurch ermutigt werden, würde mich das freuen. Aber da ich uns nicht als Influencer sehe, sondern als Teil der Community, kann ich nicht so richtig beurteilen, ob wir als Role Models taugen. Das sind für mich eher die anderen, die Großen der Szene, die sich selbst treu geblieben sind oder neue Akzente gesetzt haben – GOATS, Teams, Girls, Unternehmen und Influencer also, von denen wir alle noch was lernen können.

## GOATS

Die Leute, die beim Gaming in ihrem Bereich die Besten sind, nennt man GOATS. Auf Englisch heißt das »Ziegen«, aber ich meine natürlich die Abkürzung für »Greatest Of All Time«. Solche GOATS gibt's auch in anderen Bereichen: Beim Fußball sind es Messi und Ronaldo, beim Basketball die Michael Jordans und Magic Johnsons, beim Schach Magnus Carlson. Auch der vergleichsweise junge E-Sport hat seine GOATS. Bei *Super Smash Bros.* ist es der amerikanische Melee-Spieler Mango (alias Joseph Manuel Marquez), für *Counter-Strike* der ukrainische Gamer s1mple (alias Oleksandr Kostyliw) oder bei *Dota 2* der Este Puppey (alias Clement Ivanov).

Mein ultimativer GOAT bei *LoL* ist Faker, alias Lee Sang-hyeok. Der dreimalige Weltmeister aus Südkorea spielt seit über acht Jahren auf höchstem Niveau. Sein Name ist inzwischen ein Synonym für meisterhaftes *LoL*-Spielen. Wenn ein Hobby-Gamer einen tollen Move macht, sagt er beispielsweise: »Wow, das war'n richtiger Faker.« Im Fußball sagt man »Was ein Messi«, bei *LoL* »Was ein Faker«. Er ist aber nicht nur spielerisch ein Vorbild, sondern auch persönlich. Er steht für Freundlichkeit und Friedlichkeit, für einen leichten, trockenen Humor und für eine gesunde Disziplin.

Meine persönliche Sternstunde mit Faker erwähnte ich bereits im Kapitel Spielertypen (Seite 20). Ich war mit meinem Team aus dem CIS (Commonwealth of Independent States = Gemeinschaft Unabhängiger Staaten) bei den All-Stars 2019 in Las Vegas, wo die weltweit besten *LoL*-Spieler zusammenkamen. Als wir Faker sahen, waren wir alle total aufgeregt. Wir tuschelten wie Groupies, ob ich zu ihm hingehen soll, um Hallo zu sagen. Er wirkte in der Halle auf mich wie ein weißes Reh auf einer Lichtung. Und zufällig stand er auch noch in einem Scheinwerferkegel – als würde ihn der Gaming-Gott persönlich erstrahlen lassen. Schließlich überwand ich mich und fragte nach einem Foto. Er war superfreundlich, respektvoll und wertschätzend. Da zeigte sich, dass sein gutes Image nicht nur Fassade war. Meine Mitspieler folgten mir dann – einer nach dem anderen. So müssen sich Teenies fühlen, die zum ersten Mal zum Justin-Bieber-Konzert gehen. Durch dieses Erlebnis lernte ich, welche Wirkungsmacht bekannte Menschen haben, an denen sich Fans in aller Welt ein Beispiel nehmen. Hätte Faker sich wie ein Arschloch verhalten, wären wir alle enttäuscht gewesen und hätten vielleicht ein Stück weit unseren Glauben an den Idealismus in der Gamer-Community verloren. Aber stattdessen hat er ihn sogar bestärkt. Ein echter Gaming-GOAT halt. Im Februar 2022 bestritt er sein tausendstes *LoL*-Turnierspiel – eine Rekordzahl, die vor ihm nur sein Landsmann Deft (Kim Hyeok-gyu) erreicht hatte.

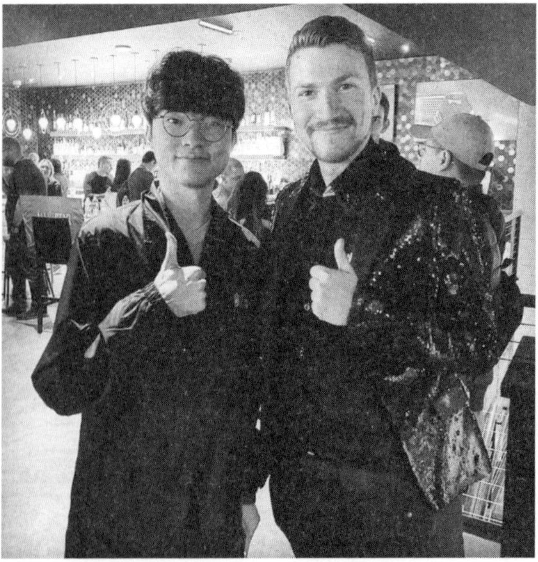

*Das legendäre Foto mit Faker, das ich beim All-Star-Event in Las Vegas ergattert habe*

### Was wir uns bei Faker abgucken können:

Im Juli 2019 sagte Faker in einem Interview mit DotEsports.com: »Ich nehme an, ich eigne mich einfach dafür, professioneller Gamer zu sein. Ich werde nicht schnell wütend. Viele fragen mich: ›Wie kontrollierst du deine Psyche?‹ Ich sage: ›Ich wurde schon so geboren.‹ Kürzlich haben sie nach einem Persönlichkeitstest gesagt, ich wäre ein Roboter.«

Dieses Zitat verdeutlicht drei Eigenschaften, die wir uns zum Vorbild nehmen können: Friedlichkeit, Bescheidenheit und (ganz wichtig) Selbstironie.

## Teams / Organisationen

Der E-Sport lebt durch Roster, Clans, Teams und Organisationen. Die Definition der Begriffe überschneiden sich teilweise, deshalb kurz zur Klärung: Organisationen sind im Prinzip Vereine, unter deren Dach verschiedene Disziplinen und Teams operieren können (Unicorns of Love ist also eine Organisation), Teams sind die Mannschaften, die bei Turnieren antreten, Clans sind das Gleiche wie Teams, allerdings ohne eine Organisation im Rücken, und als Roster bezeichnet man die jeweilige Mannschaftsaufstellung eines Teams oder Clans. So weit, so verwirrend. Den Rest kann man sich wie beim Fußball vorstellen: Jede Organisation hat ihr Image. Es gibt die Großen und die Kleinen, die Guten, die Schlechten, die Champs sowie die Underdogs, und letztendlich trägt jede Einheit auf ihre Weise zum öffentlichen Ansehen des E-Sports bei.

Also kommt ihnen eine gewisse Verantwortung zu. Wenn eine Organisation sich dieser bewusst ist, am Ball bleibt und ihre Popularität nutzt – um entweder den Ruf des Gamings zu fördern, aufzuklären oder sich für soziale Projekte zu engagieren – ist sie für mich Role-Model-tauglich. Der Einfluss und die Reichweite von Organisationen und Teams hängen auch von der Größe des Spiels ab, das sie repräsentieren. Active Gaming steht für *Call of Duty*, Fnatic für *LoL*, und für *Counter-Strike* steht FaZe Clan (der seinen Namen der Tatsache verdankt, dass er als Clan mit Let's Plays für *Call of Duty* anfing, auch wenn er inzwischen schon lange eine Organisation ist).

Aber es wäre zu kompliziert, die Role-Model-Top-List nach Spielen aufzuteilen, deshalb ordne ich sie nach Kontinenten.

## USA

Team SoloMid (TSM) belegt seit seiner Gründung im Jahr 2011 dauerhaft vordere Plätze in den amerikanischen und internationalen *LoL*-Ligen und hat massiv zur Sichtbarkeit und Kredibilität von E-Sport und Gaming in den Mainstream-Medien beigetragen. CNN, Forbes, New York Times … alle führenden Newskanäle der USA haben schon über TSM berichtet – wohl auch, weil sich die Organisation durch Kooperationen mit renommierten Universitäten, wie der Stanford University und der UCLA, sowie mit seinem jährlichen Scouting-Combine-Programm massiv für die Nachwuchsförderung im US-Gaming einsetzt.

## Europa

Laut dem »Highest Overall Team Earnings«-Ranking der Website ESportsEarnings.com ist Team Liquid (Stand Juni 2022) mit mehr als 2200 gespielten Turnieren und über 39 Millionen Dollar vereinnahmten Gewinnprämien das Team, das weltweit die meisten Turniere bestritten und die insgesamt höchste Preisgeldsumme verbucht hat. Aber es wäre unangebracht, das Team auf diese Zahlen zu reduzieren.

Die Organisation aus Utrecht steht nicht nur für spielerische Erfolge, sondern auch dafür, dass sie mit ihrer Website tl.net die ultimative Informationsquelle für *StarCraft* schuf und inzwischen

Europas zuverlässigstes Vernetzungs- und Infoportal in Sachen E-Sport und Gaming ist.

## Asien

Wegen der hohen Dichte von Top-Teams im asiatischen Raum fällt es schwer, ein Role Model zu wählen. Es würde sich anbieten, T1 (ehemals SK Telecom T1) zu picken, in dem Faker spielt und mittlerweile auch Teilhaber ist. Aber ich möchte eine neue Facette einbringen und entscheide mich für die chinesische Organisation EDward Gaming, kurz EDG. Aus folgendem Grund: EDG belegte nach seiner Gründung 2014 vier Jahre lang durchgehend die Spitzenplätze der asiatischen *LoL*-Ligen. Doch Ende 2018 schien der Akku leer zu sein, und das erfolgsverwöhnte Team belegte zwei Jahre lang bestenfalls zweite, meist nur mittlere Top-Ten-Plätze. Die große EDG-Krise wurde beschworen und nach einem enttäuschenden zehnten Platz beim LPL Summer Split 2020 (den EDG zuvor fünfmal gewonnen hatte) dem Team endgültig der Untergang prognostiziert. Doch dann, im Herbst 2021, kam das große Comeback: Bei der *LoL*-Weltmeisterschaft, bei der EDG zuvor maximal sechste Plätze geholt hatte, gingen sie überraschend als strahlende Sieger aus der Arena. Ein beeindruckendes Beispiel für das Sprichwort, dass Totgesagte länger leben.

## Was wir uns bei TSM, Team Liquid und EDG abgucken können:

Interessenvertretung und Engagement für die Sache (TSM), Sendungsbewusstsein und Community-Verbundenheit (Team Liquid) und Durchhaltevermögen und Resilienz (EDG)

## Influencer

Als Influencer bezeichne ich im Gaming-Bereich Streamer, YouTuber, Let's-Player und Insta-Sternchen, die eine Verbindung zum Zocken haben oder ihre Karriere damit starteten. Ansonsten gehen ihre Aktivitäten in der Regel übers Gaming hinaus: Sie tanzen sexy, reden über Mode, starten verrückte Aktionen oder interviewen Kollegen, Experten und GOATS. Da der Großteil der Influencer im Alleingang und nicht selten eher unabsichtlich berühmt wird, ist ein Bad-Influence-Risiko in diesem Bereich immer hoch. Weil sie jung sind und Aufmerksamkeit wollen, spielen Mutproben, riskanter Extremsport und Alkohol eine Rolle, und weil sie oft unbewusst ihr gesamtes Privatleben zu einer öffentlichen Angelegenheit machen, sind viele irgendwann überfordert oder verlieren die Bodenhaftung. Das ist der Unterschied zu Old-School-Promis, die für öffentliche Auftritte gecoacht werden und ihr Privatleben abschirmen. Influencer teilen nicht selten ihren kompletten Alltag mit ihren Followern. Da sind Fehltritte fast schon vorprogrammiert.

Ninja, der mit über 14 Millionen Abonnenten bei YouTube und über 18 Millionen Followern bei Twitch immer noch der mit Abstand erfolgreichste Streamer weltweit ist, hat Spielen wie *Fortnite* und *LoL* durch seine Streams beachtliche Dienste erwiesen und ist eine gute Quelle für Kuriositäten und Trends. Aber er ist auch immer wieder in der Kritik, weil er in seinen Videos rumschreit, flucht und Twitch-Kollegen beleidigt.

Den kanadischen Streamer xQc (bei Twitch und YouTube xQcOW) finde ich persönlich sehr lustig und unterhaltsam. Er kommt selbst aus dem professionellen E-Sport, hat wirklich Ahnung vom Gaming, machte Schach bei jungen Leuten wieder populär und spielte jahrelang in den obersten Ligen von *Overwatch* mit. Allerdings hat auch er ein paar Suspendierungs-Kontroversen wegen latent homophober und rassistischer Kommentare hinter sich. Hierzulande ist es bei MontanaBlack genauso – er war einerseits populärer Botschafter für *Call of Duty*, hat sich aber mit Privatskandalen, sexistischen Kommentaren und Glücksspiel-Content, der auf Twitch eigentlich verboten ist, selbst immer mehr ins Aus manövriert.

Kurzum: Ein Großteil der Streamer ist in erster Linie Vorbild für clevere Selbstvermarktung, aber nicht unbedingt für faires, inklusives und nicht toxisches Gaming. Ihr Content ist also Entertainment mit hohem Identifikationspotenzial, den man aber nicht zu ernst nehmen und kritisch hinterfragen sollte.

Es gibt sie aber, die Streamer, die zum Role Model taugen. Aus den USA kommen beispielsweise tyler1 und Ludwig und aus Deutschland Trymacs und NoWay4U. Ludwig und tyler1 haben beide bei den Streamer Awards 2022 abgeräumt, Ludwig in der Königskategorie als Streamer des Jahres, tyler1 für *LoL*.

Ludwig steht als ehemaliger *Super Smash Bros. Melee*-Profi einerseits für Gaming-Expertise, aber er steht auch für Skandalfreiheit und verantwortungsvolles Handeln. 2021 spendete er nach einem 30 Tage dauernden Nonstop-Stream, der 283 061 Subscriber erreichte, 365 000 Dollar aus den Mitgliedsbeiträgen für gemeinnützige Organisationen.

Tyler1 ist vor allem ein Beispiel dafür, dass Kontroversen zu Läuterung und Aufklärung beitragen können. Nicht nur trat er 2018 eine öffentliche Diskussion über Spielsucht los, indem er zugab, selbst *LoL*-süchtig zu sein. Er ist auch einer der wenigen Streamer, die wegen ihres impulsiven Verhaltens von Riot Games zeitweise mit einem ID-Banning belegt wurden, also einer Sperrung für Vergehen, die noch gar nicht begangen wurden. Inzwischen scheint er sich nicht nur privat gefangen zu haben, sondern wurde 2022 sogar von Riot Games mit einer Five-Role-Challenger-Medaille gewürdigt, weil er sich als Top Laner, Mid Laner, Bot

Laner, Jungler und Support gleichermaßen Spitzenpositionen erspielt hat.

Wenn's um Streaming in Deutschland geht, kommt man an Trymacs nicht vorbei, der in der Szene top vernetzt und mit unserem Unicorns-Streamer Chefstrobel befreundet ist. Trymacs fing mit Content zu *Fortnite* und *Minecraft* an, inzwischen ist er aber fast schon ein Allround-Entertainer. Im April 2022 organisierte er ein Boxturnier mit Streamer-Kollegen in Köln und füllte die Lanxess-Arena mit 13 500 Menschen. Knapp eine halbe Million Zuschauer verfolgten laut offiziellen Angaben den Live-Stream auf Joyn. Dem Gaming bleibt er trotzdem treu und knüpfte an den Boxkampf trotz Handverletzung direkt mit Streams zu *Clash of Clans* und *Valorant* an.

NoWay4U ist der berühmteste *LoL*-Streamer in Deutschland und war hierzulande einer der Pioniere im kompetitiven *LoL*-Gaming. Er gilt bis heute als einer der erfolgreichsten deutschen Mid Laner und spielt immer noch ab und zu für NNO (No Need Orga). In seinen Streams ist er superlieb, sehr selbstreflektiert und flucht nicht mal. Den kann man sich gut vorm Einschlafen angucken.

### Was wir uns bei Ludwig, tyler1, Trymacs und NoWay4U abgucken können:

Verantwortungsbewusstsein und Wohltätigkeit (Ludwig), Offenheit und Einsicht (tyler1), Kreativität und Vernetzung (Trymacs), Freundlichkeit und Anstand (NoWay4U)

## Girls

Frauen und Gaming – das ist seit Jahren ein Riesenthema. Es ist nicht lange her, dass weibliche Spielerinnen in der Community nicht nur eine verschwindend geringe Minderheit waren, sondern auch heftig mit sexistischen Kommentaren geflamed wurden, wenn sie sich im Spiel als Frauen zu erkennen gaben. Das weiß ich von befreundeten Gamerinnen aus erster Hand. Statistiken besagen, dass Spielerinnen besonders in harten Genres wie Shooter-Spielen auf Widerstand von Mitspielern stoßen. Entsprechend verteilt sich die größere Anzahl der Gamerinnen auf andere Genres. Einem Bericht zufolge, den das britische Marktforschungs-Institut Research Now (inzwischen Dynata) im Jahr 2017 veröffentlichte, bestand die Fan-Base von *Minecraft* im Jahr 2017 zu 70 Prozent aus Frauen, bei *Call of Duty* zu 51 Prozent und bei *Counter-Strike* nur aus 25 Prozent. Bei *LoL* waren es 55 Prozent. Ich gebe zu, dass mich diese Mehrheit überrascht, weil mein Eindruck bei *LoL* noch heute ist, dass die Community von Männern dominiert wird. Das liegt allerdings sicher auch daran, dass Männer lauter, brachialer und selbstbewusster auftreten. Nicht ohne Grund gilt von den fünf Spielerpositionen bei *LoL* vor allem die Supporter-Rolle (also die nette und weniger anspruchsvolle Spielposition, die vor allem dazu da ist, die anderen in der Battle zu unterstützen, statt selbst zu kämpfen) als klassische Frauen-Position.

Im E-Sport sieht es folgendermaßen aus: Laut ESportsEarnings.com war im Frühjahr 2022 die kanadische *StarCraft*-Spielerin Scarlett, alias Sasha Hostyn, mit rund 425 000 Dollar vereinnahmten Preisgeldern aus 238 Turnieren die weltweit bestverdienende Gamerin, während der bestverdienende männliche Gamer, der gleichaltrige dänische *Dota 2*-Spieler NOtail, alias Johan Sundstein, mit nur 130 Turnieren über 7 Millionen Dollar verdiente. Dieses Ungleichgewicht ist zugegebenermaßen auch den gigantischen Preisgeldern bei *Dota 2* geschuldet. Allerdings hat ebenso der bestverdienende *StarCraft*-Spieler Serral (Joona Sotala) mit nur 142 Turnieren über eine Million Dollar, also mehr als doppelt so viel wie Scarlett, verdient.

Angesichts des Ungleichgewichts zwischen weiblichen und männlichen Gamern in puncto Repräsentanz, Wahrnehmung und Verdienst kommt populären Gamerinnen eine umso größere Bedeutung zu. Sie klären auf, empowern, sind Vorbilder. Deshalb bekommen sie hier eine Extra-Kategorie.

Das bekannteste weibliche Role Model im Bereich Gaming ist für mich die marokkanisch-kanadische Spielerin Pokimane, alias Imane Anys. Seit sie 2013 bei Twitch mit Streams anfing, machte sie sich durch smarte Gameplays zu *Fortnite* und *LoL* einen Namen und steht heute für integren Content, der Political Correctness mit Community-Verbundenheit vereint. Inzwischen hat sie über 9 Millionen Abonnenten, ist nebenbei Kreativdirektorin beim Klamottenlabel CLOAK und wurde vom Wirtschaftsmagazin Forbes in die *30 Under 30*-List der erfolgreichsten Jungunternehmer gewählt. Trotzdem ist sie nicht abgehoben und steht weiterhin für engen Kontakt mit ihren Fans. In Interviews und Streams spricht sie offen über Sexismus in der Gaming- und Streamer-Community, äußerte in einem Tweet vom Juli 2020 über die Ungleichbehandlung von Männern und Frauen in der Männerdomäne Twitch aber auch: »Ich hoffe, dass wir ungeachtet dessen heutzutage in der Lage sind, beides zu lernen: fair und empathisch mit anderen zu sein.«

Hierzulande sorgt Anni The Duck, alias Annissa Baddour, für Frauenpower in der Männerdomäne – unter anderem dadurch, dass sie regelmäßig Videos mit den Jungs von PietSmiet macht. Neben ihren verspielten, ironischen Gaming-Videos produzierte Anni The Duck diverse Streams über ihre eigenen Aktivitäten im

Cosplay, inklusive Tutorials zur Erstellung perfekter Outfits. Durch ihre Bekanntheit dürfte sie damit auch zum Abbau von Vorurteilen gegenüber dem »freaky Hobby« Cosplay beigetragen haben.

Die erfolgreichste YouTube-Gamerin in Deutschland ist Jasmin, die unter dem Pseudonym SaftigesGnu bekannt wurde und inzwischen nur noch Gnu heißt. Sie ist das beste Beispiel dafür, dass auch Frauen leidenschaftliche und versierte Shooter-Spielerinnen sind, und nimmt in Interviews kein Blatt vor den Mund, wenn es um sexuelle Belästigung und Chauvinismus in der Gaming- und Streaming-Branche geht. Außerdem ermutigt sie Frauen, sich nicht einschüchtern zu lassen. Im Interview mit XboxWire antwortete sie beispielsweise auf die Frage, was sie jungen Content-Creatorinnen raten würde: »Lasst euch niemals einreden, ihr könntet etwas nicht schaffen! Macht es aus eurer persönlichen Leidenschaft heraus und nicht, um reich und berühmt zu werden.« Ganz meine Meinung.

### Was wir uns bei Pokimane, AnniTheDuck und Gnu abgucken können:

Zielstrebigkeit und Optimismus (Pokimane), Courage und Witz (Anni The Duck), Unangepasstheit und Empowerment (Gnu)

# HEALTHY GAMING

Auch wenn bei einem mentalen Sport wie Gaming der Kopf die meiste Arbeit macht, muss der Körper im wahrsten Sinne des Wortes mitspielen. Um das zu gewährleisten, bedarf es physisch wie geistig einer korrekten Haltung. In diesem Kapitel üben wir sie.

Gesundes Gaming« ist ein Thema, das nicht nur das Spielen betrifft, sondern die gesamte Lebensführung. Mentales und körperliches Wohlergehen werden als Einheit betrachtet; die Strukturierung des (Gaming-)Alltags steht im Dienst genereller Lebensqualität; Ziel ist dabei, sich nicht nur als Gamer, sondern auch als Person weiterzuentwickeln. Die Grundlage ist wieder Selbstreflexion.

Man kann es aber auch einfach ausdrücken. Meinen Leuten beim Coaching sage ich immer: »Seid nett zu euch selbst und macht euch das Leben nicht unnötig schwer!«

Leider habe ich oft den Eindruck, dass E-Sport auch in dieser Hinsicht einen vergleichsweise schlechten Ruf hat. Während klassischen Sportarten wie Fußball, American Football, Rugby, Eishockey etc. der Nimbus anhängt, gesund und aktivitätsfördernd zu sein, gilt Gaming als Stubenhockersport, bei dem man, platt gesagt, lichtscheu, inaktiv und fett wird. Ich verstehe, woher dieses Vorurteil kommt – denn E-Sport wird in der Regel indoor, im Sitzen und ohne sichtbaren Aufwand von Muskelkraft praktiziert. Aber in der Realität herrscht in der E-Sport-Community mittlerweile ein hohes Bewusstsein für den Bewegungsmangel beim Gaming, und es wird aktiv mit Maßnahmen gearbeitet, die ihn ausgleichen. Alle professionellen E-Sport-Organisationen stellen ihren Spielern neben Mental Coaches auch Fitnesstrainer, Masseure und Physiotherapeuten zur Seite, viele Gaming-Häuser haben Fitnessräume und Bistros, in denen auf gesunde Ernährung geachtet wird.

Außerdem ist auch der Gesundheitsaspekt im Breitensport relativ zu betrachten, das ist mir eindrücklich bewusst geworden, als ich *Concussion* sah. In dem Film mit Will Smith geht es um archaische Trainingsmethoden beim American Football, beziehungsweise darum, dass es lange Zeit fester Bestandteil des Trainings war, dass Football-Spieler mit dem Kopf gegen eine Wand laufen, um sich an die Erschütterungen des Kopfes zu gewöhnen – eine Maßnahme, die darauf abzielte, Spieler gegen Zusammenstöße im Spiel abzuhärten. Eigentlich völlig verrückt, weil es dabei im Prinzip um vorsätzliche Verletzungen geht. Will Smith spielt einen Forscher, der darüber aufklären will, dass die Kopferschütterungen zu Gehirntraumata und Persönlichkeitsveränderungen führen. Damit bringt er die ganze NFL-Lobby gegen sich auf, die die Forschungsergebnisse leugnet. Der Film beruht auf wahren Begebenheiten. Nachdem ich *Concussion* gesehen hatte, recherchierte ich nach und stellte fest, dass ähnliche Methoden auch beim Boxen, Rugby und Eishockey angewendet werden. Da werden teilweise Knochenbrüche forciert, um mittels Hyperregeneration dem Schmerzempfinden und Folgeverletzungen vorzubeugen. Im Vergleich mit solchen Extrembeispielen scheint mir E-Sport gesundheitstechnisch dann doch ziemlich risikoarm. Zumal sich die Inaktivität mit der richtigen Einstellung und einer guten Healthy-Gaming-Struktur ohne viel Aufwand ausgleichen lässt.

Unsere Spieler sensibilisiere ich für dieses Thema mit bildhaften Beispielen, gerne mit Metaphern aus der digitalen Welt, die eingängig und einprägsam sind. Zuallererst komme ich aufs Gehirn zu sprechen – die Schaltstelle für den Mental Sport und der

Schlüssel zum Verständnis der Notwendigkeit von Healthy Gaming. Letztendlich ist das Organ nichts anderes als ein Computer. Ein krasser Computer. Alle neuralen Netzwerke laufen da zusammen, und ständig passieren Lernprozesse, die wir gar nicht merken, weil sie sich im Laufe der Evolution automatisiert haben. Wenn man so will, spielst du in deinem Kopf die ganze Zeit dein eigenes Spiel. Dieses Spiel ist dein Leben, deine Quest, die Bewältigung des Alltags. Tagtäglich sammelst du Informationen. Jede Erfahrung, jeder Anblick und jede Begegnung ist eine Info, die über Nervenbahnen als elektrischer Impuls ans Gehirn gefunkt wird. In der Großhirnrinde, dem Cortex, laufen alle zusammen, werden zu neuralen Impulsen (Reaktionen) verarbeitet und dann archiviert (Erinnerung). Künstliche Intelligenz (KI) funktioniert genauso. Da geht es ebenfalls um Informationen und deren Vernetzung. Wenn ein elektronisches Signal reinkommt (Input), wird eine Reaktion generiert, die eine Handlung zur Folge hat (Output).

Der Unterschied zwischen Gehirn und PC ist eigentlich nur, dass das Gehirn im Gegensatz zum Computer nicht rein mathematisch funktioniert. Menschen haben Emotionen und brauchen Pausen, die KI nicht nötig hat. In der Interaktion mit einer anderen KI sind Computer dem Menschen also überlegen.

Zur Veranschaulichung: Bei dem Spiel *Super Mario* kannst du nach rechts und nach links gehen, du kannst schneller oder langsamer laufen, hoch- und runterspringen. Dafür, dass du vorankommst, ohne zu sterben, bekommst du Punkte, dafür, dass du auf bestimmte Reize reagierst, ebenfalls. Du siehst dabei immer nur den gezeigten Bildausschnitt und die Dinge, die dir unmittelbar entgegenkommen, doch während du läufst, bekommst du ein Gefühl für den Weg und seine Reize, sammelst Erfahrungen und reagierst mit der Zeit immer geschickter. Ein Computer macht es genauso. Auch er registriert, wenn er Punkte bekommt, und verarbeitet diese Information für das weitere Vorankommen. Im Gegensatz zum Menschen ist er dabei nicht aufgeregt und angespannt, sondern stoisch und mechanisch. Seine Konzentration lässt nicht nach, er wird nicht müde, er ärgert sich nicht, wenn er stirbt, sondern fängt einfach wieder von vorn an – zehnmal, hundertmal, tausendmal, so lange, bis er besser *Super Mario* spielt als der Mensch.

Um aber wieder die Kurve zum Healthy Gaming zu bekommen: Wenn man so will, geht es dabei darum, Grenzen zu setzen, die ein Computer nicht braucht – also darum, Pausen zu machen, Bewegungsausgleich zu schaffen, Übertreibungen zu vermeiden und nicht unbeabsichtigt Nerven- oder Gehirnkanäle zu blockieren und zu verschleißen, die für Körper, Geist und Game lebenswichtig sind. Heißt im Klartext: So viel Struktur wie nötig, so wenig Ablenkung wie möglich. Auf den folgenden Seiten wenden wir dieses Prinzip auf die fünf wichtigsten Healthy-Bereiche an: Bewegung, Haltung, Mechanics, Ernährung und Einstellung.

## Bewegung

Der Eindruck, dass E-Sportler nur still dasitzen und, abgesehen von ein paar Mausklicks, ihren Körper nicht benutzen, trügt. Es ist sogar enorm wichtig, dass sie ihren gesamten Körper im Griff haben und in einen energetischen Zustand versetzen können, der sie hellwach sein und schnell agieren bzw. reagieren lässt. Müdigkeit, Schlaffheit und Energiearmut sind auch beim Gaming die schlechteste Voraussetzung, um gute Resultate zu erzielen.

Eigentlich ja auch logisch: Wenn du schnell ermüdest, schlägt sich das auf die Ausdauer nieder, und wenn der Körper erschöpft ist, schaltet auch der Geist ab. Beim Gaming aber musst du wach, fit und fokussiert sein. Du musst dir sagen: Ich pack das jetzt an;

ich bin bereit; ich habe Bock; ich will gewinnen. Manchmal reicht es schon, solche Sätze leise vor sich hinzusagen, um Spannung herzustellen. Das Herz schlägt schneller, die Augen werden größer, der Körper strafft sich. Wettkampfmodus!

Um diesen Zustand auf Knopfdruck herstellen zu können, musst du deinen Körper erstens kennen und zweitens trainieren. Der Rest ist Selbstprogrammierung. Das Ziel ist, einigermaßen gleichbleibend motiviert, fit und leistungsfähig zu sein. Du möchtest schließlich nicht, dass du im Spiel unvermittelt ermüdest und die Energie abfällt. Als Gamer muss man dosieren können: Besser du hältst ein konstantes Konzentrations-Level von 70 bis 80 Prozent sowohl im Spiel als auch im Training, als eine halbe Stunde 100 Prozent, die danach auf die Hälfte abrutschen. Das Spiel und die Gegner haben bei solchen Einbrüchen keine Gnade. Das ist wie beim Schweißen. Du kannst die schönste Naht geschweißt haben, aber wenn du auf den letzten Zentimetern abrutschst, ist sie unbrauchbar, und du musst alles neu machen. Meine Faustregel im Coaching lautet deshalb: Wir spielen 70 Prozent auf Qualität (Angriff) und 30 Prozent auf Quantität (Zeit). Ausreißer nach oben sind Ermessenssache.

Aber wie schafft man es, den Körper und seinen Energiehaushalt zu kennen, seine Signale zu deuten und zu nutzen? Ganz einfach: indem man ihn benutzt. Das lateinische Juvenal-Zitat, das ich diesem Kapitel vorangestellt habe, passt in diesem Fall tatsächlich sehr gut: »Mens sana in corpore sano« (»Ein gesunder Geist in einem gesunden Körper«). Genau darum geht's im E-Sport. Mentale und physische Fitness müssen Hand in Hand gehen. Wenn du dich in deinem Körper unwohl fühlst, behindert das den Spielfluss.

Diese Erkenntnis hat sich in den letzten Jahren in einigen Sportarten durchgesetzt, die lange als statisch galten. Tiger Woods hat dem Golfsport mit seiner Fitness-Offensive das Rentner-Image genommen und der Öffentlichkeit die Zusammenhänge von geistiger Konzentration und körperlicher Fitness vor Augen geführt. Der norwegische Schach-Champion Magnus Carlsen hat das Gleiche für die Schachwelt getan. Im Gaming-Bereich hat vor allem der FaZe Clan mit Fitness-Coach Jasper Schellens und Martial-Arts-Trainer FaZe Sensei dem Klischee vom untrainierten Gamer den Kampf angesagt. Die machen allerdings Muckibuden-Action für Fortgeschrittene, die für erfolgreichen E-Sport dann doch nicht nötig ist.

Die zwei Fitness-Grundsätze, die ich meinen Spielern ans Herz lege, sind leicht zu verstehen und ohne Hilfsmittel umsetzbar. Erstens: Einmal am Tag 15 Minuten schwitzen! Zweitens: Laufen ohne schnaufen! So einfach ist das. Du musst keine Gewichte stemmen und keine Bäume ausreißen, sondern einfach nur eine Viertelstunde am Tag schwitzen, egal ob beim Fahrradfahren, Laufen, Tanzen oder Pumpen. Zusätzlich rate ich meinen Leuten, die Trainingseinheit lieber nicht im Gym oder zu Hause durchzuführen, sondern an der frischen Luft. Sauerstoff ist wichtig fürs Gehirn, und davon gibt's beim Indoor-Sport letztendlich immer zu wenig. Um Kontinuität zu gewährleisten, sollte die Viertelstunde irgendwo im Tagesablauf verankert sein, wo du sie routinemäßig einplanen und umsetzen kannst. Dann erreicht jeder irgendwann das Level »Laufen ohne schnaufen«.

Das ist quasi nur eine Kontrollgröße. Denn wer es schafft, 15 Minuten zu laufen, ohne dabei Seitenstechen zu bekommen und die ganze Zeit nach Luft zu schnappen, hat ein Fitness-Level erreicht, das erfahrungsgemäß ausreicht, um im Gaming-Training und bei Wettkämpfen die nötige Spannung durchzuhalten. Die Sport-Einheit direkt vor dem Spielen zu erledigen, ist eine gute Methode, um dem Körper einen Kickstart zu verpassen.

Kleiner Bonus-Tipp: Ich mache zusätzlich zu der Viertelstunde immer nach dem Aufstehen drei Übungen, um meine Lebensgeister wachzurütteln: einmal Rücken durchdrücken und Körper strecken, danach 24 Push-ups und anschließend ein paar Kniebeugen. Das macht den Körper locker und bringt den Kreislauf in Schwung. Wenn du dann noch kalt duschst, kommst du auf jeden Fall fit in den Tag und ins Spiel.

## Körperhaltung und Arbeitsplatz

Ich weiß, das klingt jetzt nach typischem Eltern-Tadel, aber ich sag's trotzdem: Setz dich gerade hin! Krummer Rücken, angezogene Knie, Bein über die Armlehne oder schräg in den Stuhl gelümmelt – das ist alles falsch und führt dazu, dass Körper und Hirn die Schieflagen in der Haltung ausgleichen müssen, was unnötige Energieverschwendung ist. Ein Beispiel: Viele ziehen beim Spielen ein Bein an und stützen sich einseitig mit dem Ellenbogen ab. Die Folge ist, dass sie den Kopf schief legen müssen, um gerade auf den Monitor gucken zu können. Dadurch belasten sie ihren Hintern zwangsläufig einseitig, ziehen die Schulter hoch, um den Druck am Ellenbogen zu mindern, und nach einer Weile müssen sie den Kopf notgedrungen verdrehen, um keinen steifen Hals zu bekommen.

So was macht man intuitiv, man nimmt sie also nicht aktiv als Tätigkeiten wahr. Aber im Endeffekt gehen sie auf Gehirnsignale zurück, die überflüssig und vermeidbar wären und von der vollen Aufmerksamkeit fürs Spiel ablenken. Wer gerade sitzt, beide Füße auf dem Boden hat und die Wirbelsäule aufrecht hält, hat solche überflüssigen Signale nicht. Das heißt, der Kopf-Computer hat mehr Rechenspeicherkapazität frei, um Lerneffekte im Spiel zu verarbeiten. Hinzu kommt, dass später keine Rückenschmerzen und keine Haltungsschäden auftreten. Gerade sitzen gehört also ganz klar in die Kategorie »Sei nett zu dir selbst«.

Ansonsten: Wer sich im Sitzen unwohl fühlt, kann auch andere Positionen einnehmen. Liegen oder stehen – theoretisch auch möglich. Die Hauptsache ist, dass man keine Verrenkungen machen muss. Ein Kollege von mir hat einen Stehtisch und arbeitet fast durchgängig im Stehen. Er hat das Gefühl, so besser und effektiver zu arbeiten. Eigentlich folgerichtig: Rein anatomisch ist der menschliche Körper aufs Stehen ausgerichtet, das Sitzen ist also eigentlich eine unnatürliche Position. Ob das heißt, dass wir beim Zocken irgendwann in der Zukunft alle stehen werden, wage ich zu bezweifeln, aber ausprobieren, wie sich's anfühlt, kann man ja mal.

Die Einrichtung deines Gaming-Platzes bestimmt wesentlich mit, ob Zocken ohne Störfaktoren überhaupt möglich ist. Das heißt: Bring deinen Monitor auf Gesichtshöhe, damit du nicht dauerhaft den Kopf heben oder senken musst. Wenn nicht anders möglich: lieber runter- als hochgucken.

Der Ellenbogen sollte im 90-Grad-Winkel auf Höhe von Maus und Tastatur liegen, und bei Bedienung der Maus sind Reibungsflächen zu vermeiden. Viele Gamer scheuern beim Zocken permanent mit dem Unterarm sowie den Handgelenken und -ballen über ihre Stuhllehne oder Tischkante. Wegen der Endorphinausschüttung, die die Spannungsreize im Spiel verursachen, merkt man oft nicht, dass dadurch die Haut und die Gelenke strapaziert werden. Auf Dauer bringt es aber das Risiko von Abnutzungserscheinungen mit sich – also Scheuerflächen abschaffen.

Die Augen sollten mindestens 50 Zentimeter vom Monitor entfernt sein. Wenn du merkst, dass deine Augen durch langes Sitzen vorm Rechner müde werden, probiere Blaulicht- und Nachtfilter aus. Du findest sie in jedem PC in den Systemeinstellungen, dort kannst du einfach den Nachtmodus aktivieren. Der hat den Effekt, dass Blautöne rausgefiltert werden und das Bild orangestichiger und damit augenfreundlicher wird. Es gibt auch Blaulichtfilterbrillen, die den gleichen Effekt haben. Programme wie f.lux sorgen dafür, dass sich die Lichtintensität des Monitors automatisch den Lichtverhältnissen im Tagesverlauf anpasst.

Die Wahl des richtigen Stuhls kann zur Wissenschaft werden. Es gibt inzwischen viele Anbieter, die ergonomische Gaming-Stühle herstellen, im Highclass-Segment gerne auch mit eingebauten Lautsprecherboxen, Massagefunktion und LED-Leuchten. Dieser technische Schnickschnack hat natürlich seinen Preis und ist nicht unbedingt nötig. Worauf du aber achten solltest: bequeme Sitzfläche ohne Druckstellen; Höhenverstellbarkeit, sodass du einstellen kannst, dass Ober- und Unterschenkel beim Sitzen einen 90-Grad-Winkel bilden; Armlehnen, die nicht zu hart sind; ergonomische Rückenlehne und Kopfstütze.

## Mechanics

Weil die Mechanics im Gaming viel mit Koordination zu tun haben, muss man sie trainieren. Klingt banal, ist aber oft überraschend knifflig. Kleine Veranschaulichungsübung zum Sofort-Ausprobieren: Versuche, mit dem Kopf linksrum zu kreisen und gleichzeitig mit der Hand rechtsrum über deinen Bauch zu streichen. Kein Problem, denken viele, aber dann drehen sie Hand und Kopf am Anfang doch erst mal in die gleiche Richtung. Es korrekt hinzubekommen, erfordert Übung und Konzentration, ist aber ein gutes Gehirntraining.

Die wichtigsten Koordinationsübungen für Gamer sind Ausdauer- und Lockerungsübungen für Finger und Handgelenke, weil sie besonders gefordert sind. Zum Beispiel: Daumen mehrfach möglichst schnell nacheinander mit Zeige-, Mittel-, Ring- und kleinem Finger aneinandertippen; Zeitlupen-Faust bilden, indem du Finger für Finger einklappst, ein paar Sekunden fest zudrückst und die Faust nach gleichem Prinzip – also Finger für Finger – wieder öffnest; Krafttraining mit Hand- und Fingertrainern, Knautschbällen und Finger-Expander sind auch hilfreich. Fingertrainer, Bälle und Expander kann man sich zur Not aus Gummibändern, Luftballons und Wäscheklammern selbst bauen. Ziel des Ganzen ist, Finger und Hände für die Mechanics im Gaming geschmeidig und fit zu machen, auch um Krankheiten vorzubeugen.

Karpaltunnelsyndrom und Sehnenscheidenentzündung sind die Krankheitsbilder, die bei Profi-Gamern besonders gefürchtet, aber auch besonders häufig sind. Hylissang, H0r0, PowerOfEvil, Kold, ich selbst – wir hatten alle zwischenzeitlich mit Karpaltunnelproblemen zu kämpfen. Der Karpaltunnel ist ein Kanal auf der Innenseite des Handgelenks, durch den der Mittelnerv verläuft. Bei Überlastung des Handgelenks (zum Beispiel durch monotone Fingerbewegungen beim Gaming) kann das Gewebe im Karpaltunnel anschwellen und der Mittelnerv einklemmen. Die Folge: Handkribbeln, Fingerschmerzen, Taubheitsgefühle. Fiese Sache, die im schlimmsten Fall operiert werden muss oder das Ende einer Gamer-Karriere bedeuten kann. Mit Sehnenscheidenentzündungen verhält es sich ähnlich. Da geht es um das Bindegewebe im Handgelenk, das die Sehnen schützt. Werden die Sehnenscheiden zu lange oder zu stark beansprucht, entzünden sie sich, verhärten, schmerzen, schwellen an. Dann sind Handschienen und Physiotherapie oder schlimmstenfalls ebenfalls eine OP angesagt. Mit anderen Worten: Solche Beschwerden will kein Gamer haben, also sollte man ihnen mit Übungen vorbeugen. Bei UoL hat besonders das Aufwärmen und Stretching der Finger und Handgelenke vor jedem Training und jedem Spiel einen hohen Stellenwert. Hier die drei wichtigsten Stretching-Übungen, die wirklich helfen und für die du nichts weiter brauchst:

*Hand-Stretching Übung 1: Klappe hoch*
Hand im rechten Winkel hochklappen und mit der anderen Hand vorsichtig Richtung Körper drücken. Wenn du ein leichtes Ziehen im Handgelenk spürst, aufhören zu drücken, aber zehn Sekunden halten. Das Gleiche mit der anderen Hand wiederholen. Diesen Ablauf abwechselnd dreimal wiederholen.

*Hand-Stretching Übung 2: Klappe runter*
Das Ganze jetzt umgekehrt: Hand im rechten Winkel *runter*klappen und mit der anderen Hand vorsichtig Richtung Körper drücken, bis ein leichtes Ziehen spürbar wird. Zehn Sekunden halten. Dann ist die andere Hand dran. Dreimal wiederholen.

*Hand-Stretching Übung 3: Finger spreizen*
Finger so weit wie möglich auseinanderspreizen und zehn Sekunden halten. Dann Hände lockern und das Ganze zweimal wiederholen. Gegebenenfalls Finger zusätzlich stretchen, indem du sie mit den Fingern der anderen Hand vorsichtig auseinanderdrückst.

## Ernährung

Die Zeiten, in denen Zocker bei LAN-Partys mit Pizza, Cola und Chips-Schüssel vorm Rechner saßen, sind im Großen und Ganzen vorbei. Zwar gibt es immer wieder Gamer, die auch mit ungesunder Ernährungsweise und Übergewicht allen anderen in Sachen Energie den Rang ablaufen, aber im Normalfall wird im professionellen E-Sport inzwischen sehr genau auf gesunde Ernährung geachtet. Unicorns hat bei Trainings-Camps für Meisterschaften zum Beispiel eigene Köche am Start, die sich mit

Ernährungsforschung auskennen und nur Essen zubereiten, das ausgewogen ist, Abwechslung bietet, nicht zu kalorienhaltig ist, nicht schwer im Magen liegt und auch als Nahrung für den Geist funktioniert.

### Der E-Sport-Camp-Ernährungsplan

- FRÜHSTÜCK: Haferflocken und Vollkornbrot sorgen für Kohlenhydrate, Joghurt, Käse und Rührei für Proteine, Obst und Gemüse für Vitamine. Dazu gibt's Milch, Tee oder Kaffee (möglichst ungesüßt) oder Säfte (Direktsaft oder frisch gepresst).
- WÄHREND DES TRAININGS: Warme Mahlzeiten sind bei uns im Gaming-Bereich verboten. Nur Früchte wie Bananen, Orangen oder Äpfel und Müsliriegel sind erlaubt. Obst sorgt dafür, dass dein Energiespeicher gefüllt bleibt und du mit Fruktose versorgt wirst. Außerdem ist es bekömmlicher als hoch dosierter Zucker in Süßigkeiten oder Softdrinks, der lediglich zu einem kurzfristigen rasanten Anstieg der Konzentrationsfähigkeit führt, die aber nach kurzer Zeit wieder abfällt. Ansonsten ist Trinken wichtig: Wasser und Tee. Säfte gehen auch, aber nur, wenn sie ohne Konzentrat und Zuckerzusätze auskommen. Von Kaffee, Cola oder Energydrinks beim Training wird abgeraten – vor allem, wenn sie als Wachmacher instrumentalisiert werden. Zum Wachmachen ist der Sport da.
- MITTAG-/ABENDESSEN: Pommes, Pizza und Burger sind nicht empfehlenswert, weil sie schwer im Magen liegen, träge machen und die Konzentration schwächen. Generell ist fettiges Essen schlecht für die Aufmerksamkeit und damit keine gute Voraussetzung für eine saubere athletische Performance. Empfohlen werden dagegen Reis, Couscous, trockenes Huhn, Fisch oder Tofu, Brokkoli, Bohnen und sonstiges gekochtes, aber nicht gebratenes Gemüse, dazu

Salat. Die Faustregel lautet: Alles sollte recht lean, also mager zubereitet sein, und zwischen Essen und Wiederaufnahme des Trainings/Turniers sollte mindestens eine halbe Stunde Ruhe- bzw. Frische-Luft-Pause liegen.

## Einstellung

Als Profi-Gamer brauchst du viel Eigenmotivation, Stresstoleranz und Ehrlichkeit. Erfolgsdruck, das Funktionieren auf Abruf und die permanente Beurteilung des eigenen Handelns sind feste Bestandteile des Jobs. Das hält nicht jeder aus. Und selbst diejenigen, die es aushalten, stoßen dabei oft an ihre Grenzen. In heißen Trainingsphasen kommt es fast immer zu Turbulenzen und Emotionsausbrüchen. Bei UoL sind wir auf so was vorbereitet. Neben mir als Head Coach haben wir Positional Coaches, die sich um die einzelnen Spieler kümmern, und wenn jemand private Probleme mit der Freundin, der Familie oder der eigenen Verfassung hat, kommt unser Mental Coach (ein diplomierter Sportpsychologe) zum Einsatz und baut die betreffende Person wieder auf. Ganz große Dramen sind uns bisher allerdings erspart geblieben, weil wir von vornherein prüfen, ob die Spieler die richtige innere Einstellung mitbringen – ob sie wirklich Lust haben auf E-Sport und für die Anforderungen des Vollzeit-Gamings bereit sind. Ist das der Fall, findet man auch am tiefsten Tiefpunkt Worte und Ziele, die die Motivation wieder hochtreiben.

Ich will dieses Prinzip mal anhand eines heiklen Themas verdeutlichen: dem Umgang mit dem Loss. Niemand kann immer nur gewinnen, deshalb ist es eine wichtige Lektion für Profi-Sportler – egal ob E oder analog –, dass sie lernen, mit Niederlagen umzugehen. In meinem Coaching fängt dieses Lernen damit an, dass ich schon zu Beginn des Trainings systematisch versuche, den Spielern ihre Angst im Allgemeinen zu nehmen – Angst, sich lächerlich zu machen; Angst, in der Community anzuecken; Angst, das private Umfeld zu enttäuschen; aber natürlich auch die Angst, ein Match zu verlieren. Gegen solche Ängste anzugehen, ist eigentlich nicht schwer, wenn man sie nicht verdrängt, sondern über sie spricht und versucht, gefürchtete Situationen gedanklich durchzuspielen: Was haben sie für Konsequenzen für mich persönlich? Welche Konsequenzen für das Team? Und welche für den Job? Bei der Beantwortung solcher Fragen merkst du schnell, dass das, was du fürchtest, meist gar nicht so dramatische Auswirkungen hat.

Simpel gesprochen – die Welt dreht sich weiter, auch nach einem vergeigten Turnier. Es wird ein neuer Wettkampf kommen. Eine neue Chance. Eines der Motti, die ich meinen Spielern immer wieder einschärfe, lautet somit: »Nach dem Fail ist vor dem Win.« Der Meinung bin ich tatsächlich.

Die Folge der mentalen Vorbereitung ist: Wenn die gefürchtete Situation (zum Beispiel die Niederlage) eintritt, ist sie erstens nicht völlig abstrakt, und zweitens ein Stück weit berechenbar. Das heißt nicht, dass sie kein Problem mehr ist. Ich muss nach nahezu jedem Loss hohe Wogen glätten, um die Spielmoral im Team wieder aufzubauen – den Spielern sagen, dass Verlieren zum Spiel dazugehört und sie daran wachsen werden; ihnen vor Augen führen, dass auch die GOATS mal scheitern (Fakers 1000-Turnier-Bilanz war zum Beispiel 669 Wins zu 331 Losses); ihnen verdeutlichen, dass sogar ihre Enttäuschung und ihre Wut etwas Gutes sind. Weil beides bedeutet, dass ihnen das Spiel nicht gleichgültig ist. Gleichgültigkeit ist die eigentliche, die ultimative Niederlage. Also lasst uns die Energie, die Wut und Enttäuschung freisetzen, konstruktiv nutzen und nach vorne schauen. Auf das nächste Ziel. Das ist die richtige Einstellung. Denn nach dem Fail ist vor dem Win.

**Healthy Gaming im Überblick**

Healthy Gaming bedeutet nichts anderes, als dass beim Spielen Körper und Geist gleichermaßen in Schwung bleiben. Hier die sechs Grundpfeiler für ein rundum gesundes Gaming.

*Bewegung*

Die zwei wichtigsten Fitness-Grundsätze für Gamer lauten: Einmal am Tag 15 Minuten schwitzen! Und: Laufen ohne schnaufen! Damit ist gemeint, dass auch für einen Mental Sport wie E-Sport körperliche Fitness erforderlich ist, damit man im Spiel die Spannung halten kann. Ob du dich mit Laufen, Kniebeugen oder Push-ups ins Schwitzen bringst, ist egal, Hauptsache, der Kreislauf kommt in Gang. Und wer es schafft, eine Viertelstunde zu laufen, ohne Seitenstechen zu bekommen oder zu schnaufen, hat die grundlegende Fitness erreicht, die fürs Gaming hilfreich ist.

*Körperhaltung*

Sei nett zu dir! Heißt: Sitze beim Spielen gerade, damit du später keine Rückenprobleme bekommst, vermeide verdrehte Körperhaltungen oder spiele im Stehen, wenn es sich für dich besser anfühlt.

*Arbeitsplatz*

Der Arbeitsplatz ist die Wirkungsstätte des Gamers. Also mache ihn dir schön und angenehm. Besorge dir einen bequemen, nach Möglichkeit ergonomischen Stuhl, vermeide, dass deine Handgelenke und Ellenbogen an Stuhllehne oder Schreibtisch scheuern, sorge für einen Monitor, der nicht zu klein ist, und schone deine Augen mit Blaufiltern.

*Mechanics*
Gewöhne dir vor dem Spielen Dehnübungen für deine Finger und Handgelenke an. Sie lockern dich nicht nur für die Mechanics im Spiel, sie beugen auch dem Karpaltunnelsyndrom und einer Sehnenscheidenentzündung vor.

*Ernährung*
Chips, Pommes, Pizza und Burger sind keine gute Ernährung für Gamer. Stattdessen sind Brot (Kohlenhydrate), Käse und Ei (Proteine) und Obst (Vitamine) angesagt. Zu viel Zucker sollte ebenso vermieden werden wie fettiges Essen, denn beides ist auf Dauer der Konzentration abträglich.

*Einstellung*
Nach dem Fail ist vor dem Win – dieses Motto schärfe ich beim Coaching allen Spielern ein, um ihnen die Angst vorm Verlieren zu nehmen und einen konstruktiven Umgang mit Niederlagen anzugewöhnen. Grundsätze wie dieser tragen zu einer positiven und motivierten Einstellung bei, die ebenfalls eine Basis für Healthy Gaming ist.

# PUBLISHER

Willkommen in der fabelhaften Welt der Entwickler und Erfinder! Hier kommen die international wichtigsten und innovativsten Spielehersteller weltweit von Tencent bis Naughty Dog und von Mojang bis Riot.

An der Schwelle zwischen knallhartem Geschäft und kreativer Narrenfreiheit schaffen Spielehersteller neue Universen, Trends und Ikonen. Die Zahlen, wie viele Publisher es gibt, sind je nach Fokus der jeweiligen Statistik sehr unterschiedlich. In einer auf die USA fokussierten Studie des Analyse-Instituts 42matters aus dem Frühjahr 2022 wurde am Rande erwähnt, dass es allein für Mobile Games insgesamt 175 678 Publisher weltweit gebe. Exakt können solche Zahlen aber schon deshalb nicht sein, weil permanent neue kleine Start-ups aus dem Boden schießen, die mit Game-Developing ihr Glück versuchen, gleichzeitig aber ständig welche scheitern, aufgeben oder von Großkonzernen geschluckt werden.

Grundsätzlich gilt bei Games-Publishern: Größe ist nicht alles. Denn es sind nicht unbedingt die Unternehmen mit dem größten Umsatz, die auch das höchste Ansehen der Gamer-Community genießen. Oft ist es sogar umgekehrt. Je größer die Unternehmen sind, desto abstrakter werden sie für einzelne Spieler und die Community, also wird mit ihnen auch härter ins Gericht gegangen. Fehler, Programmierpannen oder Marketing-Flops wiegen schwerer und werden weniger schnell verziehen als bei kleinen Publishern, bei denen die Gründer und Macher ein Gesicht und eine nachvollziehbare Historie haben.

Letztendlich ist es bei Vollblut-Publishern ähnlich wie bei E-Sport-Profis: Sie haben als Spieler angefangen, und aus dieser persönlichen Leidenschaft entwickelte sich ihre professionelle Position im Gaming-Betrieb. Dadurch wissen sie, wie ihre Zielgruppe tickt, denn schließlich gehören sie selbst dazu. Eine solche Verwurzelung bringt Hintergrundwissen mit sich, das ein rein wirtschaftlich denkender Konzernchef, dessen Entscheidungen nicht auf Leidenschaft, sondern auf ökonomischem Kalkül und Marktforschungsergebnissen basieren, schlicht nicht haben kann. Nur ein Publisher, der selbst Zocker ist, weiß um die Tragweite, die Modifikationen bei eingeführten Titeln haben können, und er weiß, wie wichtig es ist, die Community bei der Veröffentlichung eines neuen Titels von Anfang an mit einzubeziehen. So handeln kleine Studios in der Regel. Deshalb haben sie oft sehr treue und leidenschaftliche Fans.

Wenn kleine Publisher expandieren, ist das Wachstum meist ein Drahtseilakt. Dann gilt es, die eigenen Wurzeln in die Organisationsstrukturen eines Großkonzerns zu überführen. Noch häufiger ist, dass kleine Marken, die Erfolg haben, irgendwann von großen Publishern aufgekauft werden. Nach dem Verkauf einer Marke hängt deren weiterer Erfolg meinen Beobachtungen zufolge meist davon ab, ob die Ursprungs-Gründer weiterhin beteiligt sind. *Minecraft* ist diesbezüglich ein positives Beispiel: Das Spiel wurde 2009 von den schwedischen Mojang Studios rausgebracht und zum großen Hype. 2014 wurde Mojang von Microsoft gekauft. Dort war man schlau genug, den Studionamen Mojang zu erhalten und auch weiterhin mit den Mojang-Gründern zusammenzuarbeiten beziehungsweise ihnen freie Hand zu lassen. Das Wachstum des Spiels war also einigermaßen organisch.

Ähnlich agiert Tencent Games, der weltweit größte Gaming-Konzern. Tencent bewies 2008 zum ersten Mal durch den Kauf von Anteilen von Riot Games einen guten Riecher (seit 2016 gehört ihnen Riot Games komplett) und hat inzwischen über 40 weitere Spielehersteller aufgekauft, Tendenz steigend. Während die Eigenproduktionen oft in der Kritik stehen, wenig einfallsreich oder gar Plagiate zu sein, lässt Tencent seine aufgekauften Marken im Kern so, wie sie sind. Arbeitsweisen, Philosophien und Standorte bleiben bestehen, der Mutterkonzern liefert in erster Linie das Geld für neue Innovationen – an deren Erfolg er dann natürlich mitverdient.

Die folgende Auswahl ist eine Mischung aus großen Konzernen, an denen keiner vorbeikommt, und Innovatoren, deren Kredibilität auf Kreativität und Community-Nähe basiert. Sie ist ausdrücklich kein Ranking – auch wenn sie mit Technik-Gigant Tencent, einem der größten Publisher der Welt, beginnt.

## Tencent (China)

Milliardenumsätze, zweistellige Wachstumsraten, knallhartes Business. Dafür steht Tencent, ein chinesischer Konzern, der von Telekommunikation über Fernsehen bis hin zu Elektroautos bei allem mitmischt, was irgendwie mit Technik zu tun hat, und – wie in China üblich – Hand in Hand mit der Landespolitik arbeitet. Von daher gibt es immer wieder Kritik an der übergroßen Marktmacht und dem ungebremsten Wachstum. Mit der »Net City« baut der Konzern an seinem Stammsitz in Shenzhen derzeit auf einer Fläche von zwei Millionen Quadratmetern eine futuristische Stadt auf. Die Dimensionen sind bei Tencent also immer gigantisch.

Im Gaming verdient das Unternehmen das meiste Geld in dem Bereich, wo man nun mal am meisten Umsatz macht: mit Mobile Games. *Arena of Valor, Clash Royale, Wild Rift, PUBG Mobile* – alle von Tencent. Ansonsten baut es seine Marktmacht systematisch aus, indem es vielversprechende Publisher aufkauft. Dabei wurde von Anfang an global gedacht: Der erste Coup mit dem US-Publisher Riot Games war der Sprung in den amerikanischen Markt. Inzwischen steht auch Europa im Fokus, was unter anderem daran ablesbar ist, dass Tencent sich bei Ubisoft (Frankreich) und Supercell (Finnland) eingekauft hat.

## Xbox Games Studios (USA)

Erst hießen sie Microsoft Games Studios, dann Microsoft Studios, seit 2019 heißen sie Xbox Games Studios. Gemeint ist in jedem Fall die Dachmarke für Publisher, die entweder von Microsoft gekauft wurden oder für Microsoft Spiele entwickeln, darunter verdiente Studios wie Mojang *(Minecraft)*, Bethesda *(The Elder Scrolls)* und 343 Industries *(Halo)*.

## Sony Interactive Entertainment (SIE, Japan)

Die Gaming-Marke des japanischen Technik-Riesen Sony wurde 1993 unter dem Label Sony Computer Entertainment gegründet und firmierte 2016 zu Sony Interactive Entertainment um. Ansonsten reicht eigentlich ein Stichwort, um ihren Einfluss auf die Gaming-Branche zu verdeutlichen: PlayStation. Die PlayStation 2 gilt als meistverkaufte Spielekonsole aller Zeiten, *Gran Turismo* und *Uncharted* sind nur zwei Spieleklassiker, die für PlayStation entwickelt wurden. In den letzten Jahren bekamen auch Franchise-Games zu Sony-Pictures-Entertainment-Filmen wie *Spider-Man* viel Aufmerksamkeit. Auch SIE kauft weltweit Publisher auf, so zum Beispiel Guerilla Games (*Killzone,* Niederlande), London Studio (Großbritannien, *SingStar*) und jüngst Bungie (USA, *Halo*) und Haven (Kanada).

## Activision Blizzard (USA)

An diesem Konzern lässt sich die unternehmerische Dynamik in der Publisher-Branche gut abbilden. Er entstand 2008 durch die Fusion von Vivendi Games und Activision, zwei verdiente Größen im Gaming-Business. Activision wurde 1979 gegründet und brachte zum Beispiel *Call of Duty* heraus. Vivendi Games war ab 1996 am Markt und seit 1998 faktischer Besitzer des Erfolgsstudios Blizzard Entertainment *(StarCraft, Warcraft)*. Bei der Fusion entschied man sich, statt Vivendi Games lieber den renommierteren Namen Blizzard in den Konzerntitel zu übernehmen. Bisher dürfte das niemand bereut haben. Der Ruf von Activision Blizzard ist in der Community aufgrund von Erfolgstiteln wie *World of Warcraft, Diablo* und dem Fantasy-Shooter *Overwatch* immer noch gut. Als Großkonzern produzieren sie zwischendurch aber auch Content, der schlecht gepflegt wird und in den Foren zu negativer Publicity führt.

## Naughty Dog (USA)

Seit Ende der 1980er-Jahre tätig, brachte Naughty Dog unter anderem *Uncharted* und *Jak and Daxter* heraus. Sie sind also bekannt für Abenteuerspiele. Bei der Community genießt das Studio hohes Ansehen, weil es super viel Liebe und Aufwand in seine Spiele investiert, aber trotzdem auf Pay-to-Win-Mechanismen verzichtet. Wirtschaftlich sind sie deshalb allein aufgrund ihrer hohen Entwicklungskosten nicht so groß, aber wer hier Geld investiert, bekommt auch was dafür. Seit 2001 gehört Naughty Dog zu Sony.

## Ubisoft (Frankreich)

Seit 1986 aktiv, organisch gewachsen, durch stürmische Zeiten gegangen – das ist die Kurzzusammenfassung der Ubisoft-Story. Anfangs war das Unternehmen nur ein Vertrieb für Software und Spiele, aber spätestens mit der Programmierung von *Rayman* kam 1995 der Durchbruch als Spiele-Entwickler. Es folgten der Börsengang, eine massive internationale Expansion und Studioübernahmen unter anderem von Red Storm Entertainment (*Tom Clancy's*-Serie) und Blue Byte *(Die Siedler)*. Infolge des schnellen Wachstums fürchtete Ubisoft immer wieder feindliche Übernahmen durch andere Groß-Publisher – erst durch Electronic Arts, dann durch Vivendi –, aber sie konnten abgewendet werden. Um im chinesischen Markt Fuß zu fassen, ist das Unternehmen eine Partnerschaft mit Tencent eingegangen.

## From Software (Japan)

From Software ist seit 1986 im Geschäft, verantwortlich für Klassiker-Reihen wie *King's Fields* und *Armored Core,* aber immer noch auf der Höhe der Zeit. Das hat das Unternehmen jüngst mit *Elden Ring,* das ich ein wichtiges Spiel finde, weil es eine ganz eigene Welt erschafft, bewiesen.

## Mojang Studios (Schweden)

Mojang = *Minecraft* = verdienter Erfolg. Die Gründer sind seit 2002 aktiv, seit 2009 unter dem Namen Mojang Studios bekannt, und seit 2014 gehört der Laden zu Microsoft. An seinem integren Ruf hat die Zugehörigkeit zu einem Großkonzern nichts geändert. Mojang ist immer noch sehr beliebt bei der Community, weil nah an ihr dran. Da kommen konstant gute Updates und

Patches heraus, die in engem Austausch mit den Fans entwickelt werden. *Minecraft* ist und bleibt einfach eine Liga für sich.

## Rockstar Games (USA)

1998 von den Houser-Brüdern und ihren drei Mitstreitern gegründet, hat Rockstar Games den Super-Hit *Grand Theft Auto* zu verantworten. Vorher waren die Studio-Gründer bei BMG Interactive und Take 2 tätig. Neben dem Hauptsitz in den USA hat das Unternehmen unter anderem Dependancen in Großbritannien und Indien. Mein persönlicher Liebling aus dem Rockstar-Portfolio: *Red Dead Redemption*.

## Namco (Japan)

Namco steht für Nakamura Amusement Machine Manufacturing Company. Das Unternehmen ist ein Titan in der japanischen Gaming-Industrie und begann in den 1950er-Jahren mit Spielautomaten. Heute steht es dank Erfolgstiteln wie *Tekken* und *Soul Calibur* vor allem für Fighting-Games. Aber auch Arcade-Titel wie *Pac-Man* gehen auf das Konto von Namco.

## Valve (USA)

1996 von zwei ehemaligen Microsoft-Mitarbeitern gegründet, bekannt für Dauerbrenner-Spiele wie *Counter-Strike* und *Half-Life* und außerdem Erfinder und Besitzer des Online-Spielevertriebs Steam. Mehr muss man nicht sagen, um den Stellenwert von Valve für den E-Sport auf den Punkt zu bringen. Dass Valve sich die Rechte für *Dota 2* in einem teilweise fragwürdigen Rechtsstreit mit Blizzard Entertainment erkämpfte, hat einen Beigeschmack, ändert aber nichts daran, dass es ein unternehmerischer Geniestreich war.

## Electronic Arts (EA, USA)

*FIFA, SimCity, Battlefield* – das sind nur ein paar Titel aus dem Portfolio des seit 1982 bestehenden Publisher-Riesen Electronic Arts. Ab Mitte der 1990er bis zur Fusion/Gründung von Activision Blizzard im Jahr 2008 war EA Marktführer im Gaming-Business. Der Ruf des Unternehmens in der Gamer-Community ist durchwachsen, weil es viel Geldschneiderei durch Booster-Packs und überteuerten Kauf-Content macht. Beispielhaft waren die Kontroversen um *Star Wars Battlefront*, wo die starke Marke Star Wars dafür genutzt wurde, im Spiel brutale Pay-to-Win-Mechanismen zu integrieren. Die deutsche Zentrale von EA ist in Köln.

## Epic Games (USA)

Epic Games ist ein großer Konzern, der seit 1991 am Start ist und mit *Fortnite* eines der berühmtesten Spiele im Third-Person-Shooter-Segment herausbrachte. Neben Spielen ist das Unternehmen auch aktiv in der Entwicklung von Software und Game Engines und betreibt mit dem Epic-Games-Store seine eigene Vertriebsplattform.

## Disney Interactive Studios (USA)

Disney hat sich in den letzten Jahren außerordentlich reingehängt, um im Gaming- und E-Sports-Bereich Fuß zu fassen. Sei es dadurch, dass sie die Übertragung von E-Sport auf eigenen Kanälen wie Disney XD vorantrieben, oder dadurch, dass sie mit der Beteiligung an Team Liquid, einer der größten E-Sport-Organisationen überhaupt, Schlagzeilen machten. Die Disney Interactive Studios, die bereits 1988 unter dem Namen »Walt Disney Computer Software« gegründet wurden, sind allerdings weniger für die Entwicklung eigener Spielwelten bekannt als für Franchise-Games, die der Stärkung der eigentlichen Disney-Marken von Mickey Maus und Donald Duck bis zu aktuellen Filmtiteln dienen.

## Warner Bros. Games (USA)

Ähnlich wie bei Disney bildet auch in der Gaming-Sparte des Mediengiganten Warner Bros. die Adaption eigener Film- und Serien-Titel für den Videospiel-Bereich den Schwerpunkt. Superman, Batman, Looney Toons – alles Filmhelden, die erst dadurch zu Game-Helden wurden, dass Warner Bros. die Lizenzen an Publisher wie EA und Ubisoft verkaufte. Nach der Jahrtausendwende wurde die Strategie geändert, und es wurden Publisher aufgekauft, die die Entwicklung der Film-Franchise-Games übernahmen. Unter anderem übernahm Warner Bros. im Jahr 2004 Monolith Productions und brachte mit ihnen das *Matrix*-Game raus. Ebenso handelten die Rocksteady Studios, indem sie *Batman: Arkham City* herausbrachten, und Turbine, die *Herr der Ringe Online* machten. Auch TT Games, die inzwischen besonders für ihre *Lego*-Games bekannt sind, wurden 2007 von Warner Bros. übernommen.

## Riot Games (USA)

Da Riot Games *LoL* produzierte und ich das Engagement des Unternehmens für den E-Sport aus der direkten Zusammenarbeit kenne, bin ich einerseits ein bisschen befangen, kann aber andererseits gut beurteilen, dass hier wirklich auf Spielerfreundlichkeit, Community-Nähe und smartes Game-Play geachtet wird. Der meiste Riot-Games-Content ist free-to-play, es wird auf gute Tutorials für Anfänger und auf Entwicklungsmöglichkeiten für

Profis geachtet. Gegründet wurde Riot Games im Jahr 2006. Zwei Jahre später folgte *League of Legends*, das bis 2013 der einzige, wenn auch sehr erfolgreiche Titel im Portfolio blieb. Inzwischen sind auch andere Games im Angebot, von denen das bekannteste *Valorant* ist, aber der Großteil des Programms basiert nach wie vor auf dem *LoL*-Universum, inklusive Experimenten wie der Netflix-Serie *Arcane*, die im *LoL*-Universum spielt. 2008 investierte Tencent erstmals in Riot Games, 2011 übernahmen sie die Mehrheitsanteile, und seit 2015 sind sie die Eigentümer.

Wie gesagt, meine Publisher-Liste hat keinen Anspruch auf Vollständigkeit und bildet nur einen Ausschnitt der weltweiten Branche ab. Aber ich denke, sie zeigt, wie viel Bewegung in dem Business steckt und wo die kreativen Impulse herkommen – zum Großteil aus den USA und Asien. Ich will aber nicht verschweigen, dass auch bei uns eine vielfältige Publisher-Szene am Werk ist. Unternehmen wie Bigpoint und Goodgame Studios aus Hamburg, Yager aus Berlin, Kalypso Media aus Worms oder Deep Silver aus Österreich und GIANTS Software aus der Schweiz operieren international und setzen eigene Akzente. Dass ihre Spiele in meiner Gaming-Sozialisation bisher keine große Rolle gespielt haben, ist letztendlich nur ein Zeichen dafür, wie subjektiv jeder Spieler das Gaming und damit auch die Publisher-Branche entdeckt und wahrnimmt. Aber ich denke, wie du deinen eigenen Weg im Dschungel der gigantischen und stetig wachsenden Auswahl findest, haben wir jetzt genug geübt. Zeit fürs nächste Level: den E-Sport.

# E-SPORT

Internationale Turniere, volle Stadien, Titelverteidiger, Ligen, Trainings-Camps – E-Sport hat alles zu bieten, was auch den Breitensport ausmacht. Plus ein paar Extras, die die Virtualität ermöglicht. Im folgenden Abschnitt erkunden wir die wichtigsten E-Sport-Disziplinen und bringen uns beim Coaching-Crashkurs in Wettkampf-Modus.

## THEMENÜBERSICHT

**TOP TEN: DIE WICHTIGSTEN E-SPORT-TURNIERE –**
Höhepunkte der Saison: Die großen Turnierreihen und Finale von der »Free Fire World Series« bis zu den »EU Masters«

**UNICORNS OF LOVE: UNSERE CINDERELLA-STORY –**
Die Entstehung einer E-Sport-Organisation demonstriert am nicht ganz repräsentativen Beispiel UoL

**WAS MACHT EIN COACH?**
Von Motivator bis Kummerkasten: die vielfältigen Aufgaben des Gaming-Trainers

**TEAM-BUILDING –**
Die Erfolgsgeheimnisse für die Zusammenstellung eines E-Sport-Rosters

**GAMING CAMP –**
Drei Chapter und jede Menge Vorarbeit. Die Tagesstruktur und Trainingsmethoden der Gaming-Profis

**CAMP CASUAL –**
Was Freizeit-Gamer sich in puncto Organisation und Einstellung bei den Profis abgucken können

**E-SPORT & DIE POLITIK –**
Die weite, aber uneinheitliche Welt der Interessenvertretung im E-Sport

# WETTKAMPF-LEVEL: TURNIERE UND LIGEN

Die Ligen-Systeme im E-Sport sind ähnlich aufgebaut wie im Mainstream-Sport – von regional zu national und von national zu international. Ansonsten hängt ihre Dynamik wesentlich vom Engagement der Communitys und der Publishers ab. Hier kommt ein Überblick.

Die Organisation der E-Sport-Ligen und damit verbundenen Turniere ist je nach Spiel, Veranstalter und Region unterschiedlich. Die Reichweiten hängen von der Größe der Communitys und der E-Sport-Kompatibilität des Spiels ab, die Ausmaße der Aktivitäten wesentlich vom Spielehersteller. Wenn ein Publisher zum Beispiel kein Interesse an der Entwicklung eines Turniergeschehens um sein Spiel hat, kann er es auch verhindern, indem er zum einen selbst keine Turniere organisiert und zum anderen keine Veranstaltungslizenzen vergibt. Ohne Lizenz vom Copyright-Owner sind dem Wachstum einer E-Sport-Liga naturgemäß Grenzen gesetzt. Derartige Boykotte sind zwar selten, weil sich mit E-Sport viel Geld verdienen lässt, aber es gibt sie.

Das Spiel *Super Smash Bros.* zum Beispiel hat großes E-Sport-Potenzial. Trotzdem wollte der Hersteller Nintendo Turniere quasi verhindern. Vermutlich, weil das Spiel eigentlich nicht zum Image des Unternehmens passte. Nintendo steht für *Super Mario, Pokémon* und *Zelda,* also im Großen und Ganzen für Family-Entertainment mit niedlichen Geschichten und Best-Friends-Message. *Super Smash Bros.* war sozusagen der missratene Spross der Familie – ein Kampfspiel, in dem die Figuren aus den niedlichen Geschichten auftauchen und sich gegenseitig vermöbeln. Die Idee war nicht nur lustig, sie kam bei der Community auch super an. Damit hatte der Hersteller offenbar nicht gerechnet und schon gar nicht in dem Ausmaß. Statt den Hype aber zu nutzen, fürchtete er offenbar einen Image-Schaden fürs Unternehmen und für die anderen Spiele. Die Folge war, dass Nintendo keine Turniere unterstützte, trotz großer Nachfrage nach kompetitiven *Super Smash Bros.*-Wettkämpfen. Sie blieben deshalb ein Nischen-Phänomen und wurden von der Community intern organisiert.

Wettbewerbe, die von Fans organisiert werden, sind niedrigschwellig und normalerweise für alle zugänglich. Manche finden wöchentlich statt, manche monatlich, andere saisonal. Bei *LoL* gibt es seit einiger Zeit ein monatliches Turnier, das direkt im Spiel, also im →Client, stattfindet und dort vom Publisher angekündigt wird. Da kann auch jeder teilnehmen. Wenn du die Nachricht bekommst, »Dieses Wochenende Splash, melde dich jetzt mit deinem Team an«, solltest du nicht zögern. Erst durch solche Wettkämpfe kommen die meisten Leute ins kompetitive Gaming rein. Ich selbst hab meine ersten Wettkampfspiele mit Rainbow Bunny Lovers zum Beispiel bei *Go4LoL* gemacht. Das waren Miniturniere, bei denen die Gewinner ein Preisgeld von 50 Euro bekamen, das sich die fünf Team-Mitglieder teilen mussten. Wichtiger als das Geld waren aber die Triumphant Ryze Skins, die an die Sieger verliehen wurden. Diese Skins konnte man in allen folgenden Spielen verwenden und damit allen Mitspielern zeigen, dass man bereits eine Liga gewonnen hatte. Die Belohnungssysteme im Gaming sind oft ähnlich kreativ wie die Spiele selbst.

Die offiziellen Ligen sind sozusagen die Königsklasse. Sie werden mit dem Segen der Publisher veranstaltet, genießen das

Ansehen der Community weltweit und winken mit großen Preisgeldern. Allerdings ist ein Eintritt meist relativ schwer. Bei *LoL* arbeitet man sich in der →Prime League hoch. Sie besteht aus sechs Divisionen. In der sechsten ist der Anspruch noch relativ gering, dafür haben die Spieler Spaß. Von da an wird's immer anspruchsvoller. Pro →Split kannst du eine Division aufsteigen. Bis zur zweiten Division. Danach kommt nur noch die sogenannte →Pro Div, die den Profis vorbehalten ist. Das heißt, du musst von einem Team oder einer Organisation angefragt werden, die bereits in der Pro Div spielen, um dort mitmachen zu können. Das passiert nur, wenn du im Spiel irgendwem aufgefallen bist. Entweder dadurch, dass du spektakulär gewonnen hast, oder weil du in den Ranglisten weit oben auftauchst. Mein Rat: nicht den Mut verlieren und dranbleiben.

Ansonsten sind die Ligen im E-Sport ähnlich aufgebaut wie im Mainstream-Sport. Der Hauptunterschied ist, dass Amateure nicht in lokal angebundenen Vereinen organisiert sind, sondern in Online-Communitys, die überregional vernetzt sind. Durch die unterschiedlichen Sprachen entsteht dort manchmal eine gewisse regionale und nationale Sortierung. Da die Verkehrssprache in der Community Englisch ist, sind entsprechende Kenntnisse empfehlenswert. Wer Koreanisch kann, hat besonders gute Karten, da die besten Gamer und Organisationen aus Südkorea stammen.

# PLATZ FÜR PROFIS: E-SPORT-LIGEN

Von der *League of Legends Champions Korea* (LCK) bis zur *Mobile Premier League* (MPL) – die größten Spiele und ihre Ligen im Spiegel von Zuschauerzahlen und Preisgeldern.

Die E-Sport-Szene wächst schnell und dynamisch, in weiten Teilen aber auch relativ unkontrolliert – sprich, ohne strikte Auflagen der Politik. Teilweise liegt das daran, dass die Besitzverhältnisse anders gelagert sind als im Breitensport. Der Weltfußballverband FIFA hat sich zum Beispiel die Organisation weiter Teile des internationalen Turniergeschehens im Fußball auf die Fahne geschrieben. Da er den Sport als solchen aber nicht erfunden hat, kann er auch kein Copyright auf ihn anmelden.

Das ist beim E-Sport anders. Hier geht es großenteils um Spiele, die in jüngerer Vergangenheit von Entwicklern erfunden und unter dem Copyright eines bestimmten Publishers herausgebracht wurden. Es gibt klare Besitz- und Urheberrechts-Verhältnisse, es ist also ein weitgehend privatisierter Bereich. Das heißt auch, dass nicht jeder für jedes Spiel eine eigene Liga aufstellen kann. Stattdessen hängt viel vom Engagement der Publisher ab – und vom Erfolg der Spiele und ihrer Ligen.

Wenn eine Liga nicht den wirtschaftlichen Erwartungen ihrer Gründer gerecht wird, kann sie schnell wieder eingestellt werden. Andererseits kommen ständig neue Games auf den Markt, die mit dem Aufstellen starker eigener Ligen zur Neuordnung des

Wettbewerberfelds beitragen können. Ein Beispiel: Die koreanische ProLeague für das Spiel *StarCraft* war eine der ersten E-Sport-Ligen und galt seit ihrer Gründung 2003 jahrelang als Nummer 1 in dem Bereich. Trotzdem wurde sie 2016 eingestellt, weil neuere Spiele wie *LoL* und *Overwatch* ihr den Rang abgelaufen hatten. Umgekehrt schlagen aktuell vergleichsweise neue Ligen wie die *Valorant Champions Tour* und die *Mobile Legends Professional League* sogar die Top-Ligen von *LoL* und *Counter-Strike* – zumindest, was die Zuschauerzahlen angeht.

Die folgende Aufführung der Top-Ligen ist somit eine Bestandsaufnahme, die für die Zeit der Entstehung dieses Buches gilt, also für das Jahr 2022.

## League of Legends Champions Korea (LCK)

Die *League of Legends Champions Korea* wurde 2012 gegründet und galt lange als beste *LoL*-Liga der Welt. Das ist allein dadurch ersichtlich, dass von den bis jetzt elf vergebenen Weltmeistertiteln sechs an Teams aus der *LCK* gingen – konkret an T1 (drei Titel), Samsung Galaxy (zwei Titel) und DAMWON Gaming (ein Titel). Und auch wenn andere Ligen in den letzten Jahren aufgeholt haben, spielt die *LCK* mit 135,24 Millionen Stunden Zuschauerzeit in der Saison 2021 und rund 1,3 Millionen Zuschauern beim Finale des Sommer-Splits 2021 noch immer ganz oben mit. Die Liga wird von *LoL*-Publisher Riot Games verwaltet.

## PUBG Mobile Pro League (PMPL)

Vom *PUBG Mobile*-Release im März 2018 bis zum Frühjahr 2022 spielte Publisher Tencent Games mit dem Spiel stolze 8 Milliarden Dollar ein. Ein Top-Betrag, der sich in den Zuschauerzahlen der 2020 gegründeten *PUBG Mobile Pro League* fortsetzt.

125,66 Millionen Zuschauerstunden kamen in der Saison 2021 zusammen. Die hohen Zahlen werden vor allem auf die große Popularität von *PUBG Mobile* in den einwohnerstarken Regionen Südostasiens zurückgeführt. Aber die Veranstalter arbeiten ständig an der Expansion. So wurde der Kreis der Teilnehmer-Regionen, bestehend aus Süd- und Südost-Asien, Europa und Amerika, für die Saison 2022 um Pakistan und Afrika erweitert. Ein gutes Beispiel für die strategische Ausweitung der Bekanntheit eines Spiels über den E-Sport.

## League of Legends European Championship (LEC)

Die europäische *LoL*-Liga wurde 2013 unter dem Titel *European League of Legends Championship Series* (EU LCS) gegründet und heißt seit 2019 nur noch *League of Legends European Championship* (LEC). Sie gehört *LoL*-Entwickler Riot Games und ist Veranstalter der Europameisterschaften *(EU Masters),* deren Gewinner zu den Weltmeisterschaften (»League of Legends World Championships«, kurz »Worlds«) geschickt werden. Die stetig wachsenden Zuschauerzahlen der LEC sind wohl beispielhaft für die wachsende Popularität des E-Sports in Europa. Im Jahr 2021 erreichten die LEC-Turniere 77,74 Millionen Zuschauerstunden – ein Zuwachs von 6,4 Prozent im Vergleich zum Vorjahr. Das Top-Spiel dieser Saison war das Match G2 gegen Fnatic im Sommer-Split mit 843 400 Zuschauern.

## ESL Pro League

Die *ESL Pro League* ist ein Beispiel für eine Liga, die nicht vom Publisher ausgerichtet wird, sondern von einem Veranstalter, der sich in den Anfangszeiten des E-Sports durch Engagement und

Erfolge hervorgetan hat. Die ESL (Electronic Sports League) sitzt in Köln und gilt als eine der ältesten E-Sport-Organisationen weltweit. Sie ging aus der Deutschen Clan Liga hervor, die die Wurzeln des E-Sport-Geschehens für *Counter-Strike* verantwortet. Inzwischen veranstaltet die ESL viele bedeutende E-Sport-Turniere, darunter das Multisport-Turnier Intel Extreme Masters (IEM). Die größten Zuschauerzahlen verzeichnet trotz zuletzt rückläufiger Werte immer noch der Turnierklassiker der *ESL Pro League* mit über 60 Millionen Zuschauerstunden.

## BLAST Premier

Der jüngere Konkurrent zur traditionsreichen ESL Pro League ist die BLAST-Premier-Liga. Von 2017 bis 2019 hieß sie BLAST Pro Series und wurde vom dänischen E-Sport-Medienunternehmen RFRSH Entertainment verantwortet. Mit dessen Umbenennung in BLAST ApS wurde die Liga umbenannt in BLAST Premier. Auch hier geht es um *Counter-Strike* beziehungsweise *Counter-Strike: Global Offensive (CS:GO),* und 2021 wurde eigenen Angaben zufolge ein Zuschaueranstieg von 30 Prozent verzeichnet, nämlich 59,37 Streaming-Stunden insgesamt und 861 300 Zuschauer beim Herbstfinale 2021.

## FIFA Global Series

Die *FIFA Global Series* ist der Weg zum »FIFAe World Cup« und sozusagen ein jährlich stattfindendes virtuelles Pendant zur Fußball-Weltmeisterschaft. Die Qualifikationsspiele finden in sechs Regionen statt (Nordamerika, Südamerika, Europa, Südasien, Westasien und Ozeanien) – aus denen die 16 besten Spieler zum World Cup kommen, wo sie wiederum auf die 16 besten Spieler aus offenen Online-Qualifikationsspielen treffen. Seit seiner

Gründung 2004 (damals noch unter dem Namen FIFA Interactive World Cup) schaffte es der *FIFAe World Cup* mehrfach ins Guinnessbuch der Rekorde, weil er als teilweise offenes Turnier Millionen von Teilnehmern verzeichnete. Das ändert aber nichts daran, dass die Schwellen, um in die Endrunden zu kommen, in diesem Bereich sehr hoch liegen.

## Valorant Champions Tour (VCT)

Die *Valorant Champions Tour* ist eine der jüngsten E-Sport-Ligen. Seit ihrer Gründung 2021 fuhr sie Top-Zuschauerzahlen ein. So kamen bei der ersten Ausgabe 69,39 Millionen Zuschauerstunden zusammen, was aus dem Stand sieben Millionen mehr waren als bei den eigentlichen Titanen der Egoshooter-Sparte von der ESL Pro League. Der Erfolg ist wohl einerseits auf den Community-Hype um *Valorant* zurückzuführen, aber sicher auch auf die E-Sport-Erfahrungen von Publisher/Veranstalter Riot Games.

## Dota Pro Circuit (DPC)

Nachdem *Dota 2*-Publisher Valve mit seiner 2015 gestarteten *Dota Major Championship Series* Kritik auf sich zog, weil die Fans deren System intransparent und ungerecht fanden, finden *Dota 2*-Turniere im Rahmen der *Dota Pro Circuit*-Liga statt. Die arbeitet klassisch mit sogenannten Minor-Turnieren in sechs Regionen: Nordamerika, Südamerika, Südostasien, China, Europa und der Gemeinschaft Unabhängiger Staaten (Verbund von Nachfolgestaaten der früheren Sowjet-Region). Bei den Minors sammeln die Teams auf regionaler Ebene Qualifikationspunkte. Die Teams mit der höchsten Punktzahl werden zu den Majors eingeladen. In diesem Rahmen findet auch *The International* statt, die Weltmeisterschaft, bei der um den Titel des besten *Dota 2*-Teams des Jahres gebattelt wird. Die Zuschauerzahlen sind ähnlich beeindruckend wie die Preisgelder (die auf Crowdfunding in der Fan-Community basieren und inzwischen über 40 Millionen Dollar betragen): 2021 verfolgten 2,7 Millionen Zuschauer weltweit das Finale. Nur die *League of Legends World Championship* mobilisierte im selben Jahr mit 3,5 Millionen Followern noch mehr Zuschauer.

## League of Legends Championship Series (LCS)

Die *League of Legends Championship Series* ist die *LoL*-Liga für Nordamerika und wird federführend von Riot Games verantwortet. Sie wurde 2013 gegründet und hat mit Team SoloMid, Cloud9 und 100 Thieves ein paar der weltweit führenden Teams am Start. Dass der LCS im internationalen Vergleich weniger Bedeutung zukommt als den koreanischen und europäischen *LoL*-Ligen, irritiert angesichts der Übermacht der USA in der Mainstream-Kultur viele. In Anbetracht der Tatsache, dass *LoL* vor allem in Asien wesentlich mehr Spieler hat als in den USA, ist es jedoch bezeichnend. Das heißt aber nicht, dass E-Sport in Nordamerika generell keine große Rolle spielt. Die 1996 in den USA gestartete Fighting-Games-Tunierserie »Evo« (für »Evolution Championship Series«, vorher »Battle by the Bay«) ist eines der ältesten E-Sport-Events überhaupt und damit nur ein Beispiel für die lange Tradition von E-Sport in den Vereinigten Staaten. Was die LCS betrifft, lag sie in der Saison 2021 zuschauertechnisch im weltweiten Vergleich mit über 58 Millionen Streaming-Stunden auf Platz 9.

## Rocket League Championship Series (RLCS)

Als »soccer, but with rocket-powered cars« (»Fußball, nur mit raketenbetriebenen Autos«) wurde das Game *Rocket League* beim Release 2015 von seinem Publisher, dem US-Unternehmen Psyonix, angekündigt. Wenig später startete die *Rocket League Championship Series (RLCS)*. Seither erfreut sie sich großer Beliebtheit und bleibt trotz einiger Schwierigkeiten in den Pandemiejahrgängen 2020 und 2021 populär – was sich unter anderem an über 50 Millionen Zuschauerstunden bei der RLCS in der Saison 2021 messen lässt.

## Mobile Legends Professional League (MPL)

Wenn dieses ein Ranking nach Zuschauerzahlen wäre, müsste es von der *Mobile Legends Professional League (MPL)* angeführt werden. Da sie aber meiner Meinung nach nicht zu Unrecht in der Kritik steht, ein kalkulierter Abklatsch von *LoL* zu sein, und außerdem im europäischen E-Sport quasi keine Rolle spielt, läuft diese Liga bei mir außer Konkurrenz. Trotzdem soll nicht unerwähnt bleiben, dass die *MPL* laut Esports Charts mit 202 Millionen Zuschauerstunden im Jahr 2021 den Spitzenplatz im internationalen E-Sport-Vergleich belegte.

# DIE SAISON

## Kämpfen und aufsteigen von Split zu Split: Die Zyklen und Terminierungen der E-Sport-Ligen.

Wie im Mainstream-Sport sind auch die E-Sport-Ligen in Saisons, beziehungsweise Seasons, unterteilt. Innerhalb einer Season kannst du Punkte sammeln, in Ranglisten aufsteigen, dich für höhere Ligen und internationale Finale qualifizieren. Auch die Qualifikationsebenen sind klassisch organisiert – von regional zu national und von national zu international. Der Takt der Turniere und der Zeitraum der Seasons sind im E-Sport je nach Spiel unterschiedlich. Manchmal beginnen sie, wie die analoge Fußball-Bundesliga, im Herbst und enden im Sommer. Andere, wie zum Beispiel die *LoL*-Ligen, starten am Anfang des Kalenderjahres.

In der Regel ist die Saison in Splits unterteilt – weit verbreitet sind zwei Splits, die, wenn man so will, als Hin- und Rückrunde interpretiert werden können. Manchmal gibt es auch drei Splits à drei Monate. Am Ende eines Splits können Teams oder Gamer, die sich gut geschlagen und viele Punkte gesammelt haben, normalerweise in höhere Ränge aufsteigen.

# TOP TEN: DIE WICHTIGSTEN E-SPORT-TURNIERE

Höhepunkte der Saison: Der Versuch eines neutralen Blicks auf die spektakulärsten Finale und renommiertesten Turnierreihen von der »Free Fire World Series« bis zu den »EU Masters«.

Was ist wirklich wichtig? Diese Frage lässt sich in eigentlich allen Zusammenhängen kontrovers diskutieren, aber wenn es um Sportturniere geht, bekommt sie eine besondere Brisanz. Für Fans und E-Sportler sind letztendlich immer die Turniere ihrer eigenen Teams und Disziplinen am wichtigsten. So soll und muss es auch sein, aber es ist natürlich eine subjektive Interpretation von Wichtigkeit. Bei der Auswahl für die folgende E-Sport-Turnier-Top-Ten habe ich versucht, die Relevanz an neutral messbaren Größen wie Zuschauerzahlen, der Höhe von Preisgeldern und dem Grad weltweiter Wahrnehmung festzumachen. Trotzdem spiegelt sie meine persönliche Sicht auf den Turnierbetrieb wider, ist also nicht hundertprozentig objektiv. Und auch hier: Sie ist kein Ranking, sondern ein Querschnitt durch das internationale Angebot großer Turnier-Events. Auf die Plätze, fertig, los!

## Free Fire World Series (FFWS)

*Garena Free Fire* ist vor allem in Indonesien, Indien und Brasilien populär, hierzulande dagegen weniger. Trotzdem war das Finale der »Free Fire World Series« im Mai 2021 mit einem Top-Wert von bis zu 5,41 Millionen Zuschauern im Live-Stream laut Esports Charts das meistgestreamte E-Sports-Turnier des Jahres. Nicht schlecht für ein Event, das zu dem Zeitpunkt erst drei Jahre alt war. Austragungsorte waren bislang Rio de Janeiro und Singapur (wo der Publisher des Spiels Garena beheimatet ist).

## PUBG Global Championship (PGC)

Die offizielle Weltmeisterschaft der PUBG Corporation begann 2018 mit einem viertägigen Event in der Berliner Mercedes-Benz-Arena und wurde im Laufe der Jahre mehrfach umbenannt. Seit 2019 hört das Saison-Finale auf den Namen »PUBG Global Championship« und wird jährlich zum Jahresende in einer anderen Stadt der Welt zwischen 32 Teams ausgetragen.

## League of Legends World Championship

Da ich auf die »Worlds« im Kapitel »Unicorns of Love – Unsere Cinderella-Story« ausführlicher eingehe, beschränke ich mich hier auf die Basis-Daten: Das Turnier findet seit 2011 jährlich statt und ist der Höhepunkt der *LoL*-Saison. Es füllt riesige Stadien und vereinte 2021 laut Veranstalter in der Peak-Zeit weltweit über 73 Millionen Zuschauer gleichzeitig im Stream – davon circa 68 Millionen aus Asien (Großteil China) und »nur« 5 Millionen aus Regionen außerhalb Asiens.

## The International

Der Startschuss fiel 2011 auf der Gamescom in Köln, seither war das alljährliche Finale der *Dota 2*-Weltmeisterschaft u. a. in Seattle, Shanghai und Bukarest zu Gast. Berühmt ist die Veranstaltung nicht nur wegen ihrer stetig wachsenden Zuschauerzahlen (2021 waren es laut dem Marktdaten-Portal Statista auf dem Peak 2,74 Millionen gleichzeitig), sondern, wie bereits im Kapitel »E-Sports-Ligen« auf Seite 119 erwähnt, vor allem wegen ihrer gigantischen Preisgelder, die durch Crowdfunding generiert werden (2021 waren es über 40 Millionen Dollar).

## Mobile Legends: Bang Bang World Championship

Man mag von *Mobile Legends: Bang Bang* halten, was man will, aber dass die seit 2019 stattfindenden Weltmeisterschaften für das Spiel Zuschauer begeistern, ist nicht zu leugnen. Laut Esports Charts wurde das Finale im Jahr 2020 von über drei Millionen Zuschauern im Live-Stream verfolgt. Das Gleiche gilt für die Play-offs im Jahr 2021.

## Fifae World Cup

Seit 2004 ist das von EA Sports veranstaltete ultimative E-Sport-Fußball-Event bereits im Geschäft. 2020 und 2021 musste es wegen COVID ausfallen und kehrte 2022 mit der (wie es auf der Website zum Event hieß) »Grandest celebration of FIFA esports« in Kopenhagen zurück. Die Spezialität des Traditionsturniers ist, dass es im Gegensatz zum analogen Vorbild einen klaren Single-Player-Fokus hat.

## Intel Extreme Masters (IEM)

Bei den Intel Extreme Masters werden unterschiedliche Spiele gespielt, aber der Schwerpunkt liegt auf *Counter-Strike*. Sieben Jahre lang waren die Finale der 2006 gestarteten Turnierserie das Highlight der inzwischen eingestellten Computermesse CEBIT in Hannover. Inzwischen ist ihr Stammsitz in Katowice (Polen), und nebenbei werden neue Locations erschlossen. Für Ende 2022 ist das erste Südamerika-Event in Rio de Janeiro geplant.

## PGL Majors

Der rumänische E-Sport-Veranstalter und -Streamer PGL verkündete im Mai 2022, dass er mit dem *CS:GO*-Turnier »PGL Major Antwerp«, »the largest indoor esports event ever« veranstaltet habe – mit über 40 000 Live-Zuschauern insgesamt und 20 000, die das Finale im Antwerpener Sportpaleis verfolgten. Mich hat diese Meldung zunächst verwundert, weil allein das ausverkaufte Finale der »Worlds« 2017 im Pekinger Nationalstadion 40 000 Besucher zählte. Aber dann fiel mir ein, dass es sich bei dem auch als Vogelnest bezeichneten Stadion nicht um eine Indoor-Arena handelt. So oder so: beeindruckende Zahlen. Die PGL CS:GO Majors finden seit 2021 jährlich in unterschiedlichen Städten statt.

## Fortnite World Cup

Das Finale des Fortnite World Cup wird jährlich im Sommer im Rahmen eines mehrtägigen Live-Events im New Yorker Arthur Ashe Stadium ausgefochten. Der Veranstalter Epic Games vermeldete im August 2019 auf seiner Website, dass die erste Ausgabe mit 2,3 Millionen Zuschauern bei YouTube und Twitch das

»most watched competitive gaming event (excluding China) of all time« gewesen sei.

## League of Legends European Masters

Bei der *LoL*-Europameisterschaft kämpfen die Meister der europäischen National-Ligen darum, Europa bei den »Worlds« vertreten zu können. Vergleichbare Meisterschaften gibt es in den USA und Asien nicht. Daher sind die »European Masters« neben »Worlds« das zweitgrößte offizielle *LoL*-Turnier.

# UNICORNS OF LOVE: UNSERE CINDERELLA-STORY

Bis wir mit UoL dort ankamen, wo wir heute stehen, sind viele ziemlich unglaubliche Dinge passiert. Bei aller Märchenhaftigkeit enthält unsere Geschichte aber auch alle Zutaten, die es zur Gründung einer E-Sport-Organisation braucht.

Mein Weg zu und mit Unicorns of Love kommt mir rückblickend oft vor wie ein Spiegel der generellen Entwicklung der Gaming-Branche, weil er erstens in der Anfangszeit des E-Sports begann und zweitens von der Professionalisierung meiner eigenen Gaming-Leidenschaft geprägt ist. Viele Gamer meiner Generation werden ihn nachvollziehen können oder ähnlich erlebt haben – wenn auch vielleicht ohne ein paar Ausreißer nach oben und unten, die ich erleben durfte.

Alles begann mit *Warcraft 3*. Als das Spiel im Juli 2002 erschien, war ich acht Jahre alt. Es dauerte nicht lange, bis ich es für mich entdeckte und mit zunehmender Begeisterung erschloss. Es war das erste Spiel, das ich richtig leidenschaftlich spielte. Für mich ist es immer noch eins der großartigsten Games, die es auf dem Markt gibt. Schon bald spielte ich ziemlich gut, auch mit anderen zusammen, und machte schließlich meine ersten Erfahrungen im Team. Dann folgte 2003 *Defense of the Ancients (DotA),* ein Mod von *WC3*. Mods werden von Spielern auf eigene Faust entwickelt und veröffentlicht. Sie sind sozusagen selbst gebaute Mini-Games, in denen Spielfiguren und Mechaniken aus dem Original (in diesem Fall *WC3*) weiterentwickelt werden. *DotA* wurde damals der absolute Renner unter allen Mods, Fun-Maps und Mini-Games, die zu *WC3* im Umlauf waren. Wobei der Begriff Mini-Game trügerisch ist, denn *DotA* war fast komplexer als das eigentliche Spiel. Für einen Fan wie mich war es quasi Pflicht, diesen Mod auszuprobieren. Ich blieb dran, und wurde auch hier ziemlich gut. Zumindest gut genug, um mich nicht seltsam damit zu fühlen, dass ich mir den Namen MasterOfDotA gegeben hatte – auch wenn er wohl eher ein Zeichen meiner damaligen Einfallslosigkeit war und nicht meines spielerischen Könnens. Irgendwie hatten damals alle solche Namen.

## Die geborenen Rivalen

Die federführenden Köpfe hinter dem Erfolg von *DotA* waren IceFrog und Guinsoo. IceFrog entwickelte den ersten *DotA*-Mod, Guinsoo eine darauf basierende Fortführung namens *Defence oft the Ancients: Allstars (DotA Allstars)*. Als das Format rasant wuchs und 2005 über zehn Millionen Spieler zählte, schaffte es Riot Games, Guinsoo als Spiele-Designer zu verpflichten. In dieser Position überließ er die *DotA*-Weiterentwicklung IceFrog, um sich einem anderen Projekt zu widmen, für das Riot Games ihn als Designer anheuerte. Es hieß *League of Legends*. Der Rest ist Geschichte.

Um die Guinsoo-und-IceFrog-Story ranken sich inzwischen diverse Rivalitätslegenden. Während *LoL* nach seinem Launch 2009, auch dank Guinsoos Genie, schnell wuchs, entwickelte IceFrog *Dota 2,* das 2013 veröffentlicht wurde. Bei beiden MOBA-Games geht es um Zauber, Maps und das Zerstören der gegnerischen Hauptgebäude. Außerdem haben sie ein enorm hohes E-Sport-Potenzial. Mit anderen Worten: Sie sind die geborenen Konkurrenten. Vielleicht haben die Rivalitäts-Gerüchte aber auch nur damit zu tun, dass in der Gamer-Szene eine Entweder-oder-Mentalität entstand. Zwar sind sich die meisten einig, dass beide Spiele erstklassig sind, aber am Ende entscheidet man sich eben doch für eins. *LoL* ist bunt, verspielt und geschmeidig. *Dota 2* dagegen düsterer, kantiger und eckiger. Die wenigsten mögen und spielen beide gleich gern.

Als *DotA*-Spieler der ersten Stunde war ich beim Release von *Dota 2* extrem gespannt und stürzte mich sofort drauf. Das Spiel war zwar toll gebaut, hatte eine gute Geschichte und war eine stimmige Weiterentwicklung der Mod-Version, aber ich war inzwischen zu sehr von der Leichtigkeit von *LoL* verwöhnt. Daher konnte ich mich nicht mit dem langsameren, mechanischeren und etwas schwerfälligeren Stil von *Dota 2* anfreunden. Bei *LoL* fühlt sich für mich alles ein bisschen freier an. Die Charaktere bewegen sich schneller, es gibt mehr Möglichkeiten zu zaubern, die →Champs sind kleiner, die Map ist nicht so einengend, und die Strafen sind moderater. Du verlierst zum Beispiel kein Gold, wenn du stirbst, aber du kannst umgekehrt dem Gegner auch kein Gold wegnehmen.

Für mich war *LoL* einfach spaßiger als *Dota 2*. Also blieb ich dabei. Der Name MasterOfDotA war damit hinfällig. Stattdessen hieß ich MasterOfSheepy. Das lag daran, dass ich nebenbei *Sheep Tag* spielte, ein simpler, aber sehr unterhaltsamer Mod, bei dem es darum geht, dass du als Schaf vor einem Wolf weglaufen beziehungsweise dich vor ihm schützen musst. Weil der Wolf schneller ist als du, musst du ihm Steine in den Weg legen, sprich Häuser und Mauern bauen, die ihn daran hindern, dir zu folgen. Auch das beherrschte ich gut, und so kam ich zu dem Namen MasterOfSheep. Leider gab es ihn bei *LoL* bereits, also erfand ich MasterOfSheepy. Als von Riot Games ein paar Jahre später die Ansage kam, dass Spieler aus *LoL*-Teams ihr Team-Tag vor den Spielernamen setzen sollen, schrumpfte mein Name zu UoLSheepy, denn das Team-Tag von Unicorns of Love war UoL, aber UoLMasterofSheepy hätte das Zeichenlimit gesprengt. Damit sind wir allerdings schon mittendrin in der Unicorns-Cinderella-Story. Also eins nach dem anderen.

## Leb dein Leben, spiel dein Spiel!

Mit *LoL* wuchs mein Selbstvertrauen als Mensch und Gamer. Das lag einerseits an meinem Alter (ich steuerte inzwischen auf die Volljährigkeit zu), aber auch daran, dass ich erfahrener und selbstsicherer im Spiel wurde. Ich wuchs sozusagen mit dem Spiel.

Am Anfang besaß ich nur die zehn →Champions, die wöchentlich vom Hersteller im Free-to-Play-Modus zur Verfügung gestellt wurden. Da ich aber sehr häufig und relativ erfolgreich spielte, sammelte ich viele →Influence-Points. Mit ihnen konnte ich mir immer mehr Champions freischalten, ohne draufzuzahlen. So spielte ich mich bis zu Level 30. Das bedeutete: Nun konnte ich an Ranglistenspielen teilnehmen. Und das tat ich.

Zunächst spielte ich Solo-Queue, also allein. Weil ich mich ganz gut schlug, lernte ich im Spiel andere Leute kennen. Zum Beispiel Vizicsacsi. Ich erinnere mich noch, wie wir zum ersten Mal zusammenspielten und etwas einsilbig im Chat miteinander kommunizierten. Am Ende des Spiels fügte ich ihn zu meinen Freunden hinzu. Das Gleiche tat ich mit anderen, die mir als starke Player auffielen. Mein Interesse galt immer Leuten, die einerseits gut spielten und sich andererseits im Game und im Chat anständig verhielten. Ich fügte sie zu meinen Freunden hinzu, wir schrieben hin und her oder spielten mal eine →Duo-Queue-Runde zusammen. Wenn man mit so etwas anfängt, ist der Weg zum Fünf-gegen-fünf-Spiel nicht weit. Und da wollen ja eigentlich alle hin, denn das ist der »richtige« Modus – der E-Sport-Modus.

Zunächst ging ich mit vier anderen zufällig vom Server vorgeschlagenen Mitspielern in Fünf-gegen-fünf-Spiele rein, später mit Spielern, die ich direkt ansprach und rekrutierte. Wenn du zwei bis drei Mal mit denselben vier Personen zusammengespielt hast und alle Lust auf Fünf-gegen-fünf-Action haben, dann kannst du dir sicher sein, dass da mehr geht. Wenn alle mitziehen, verabredet ihr euch mal zum Trainingsspiel, meldet die Gruppe für ein Turnier an und denkt über Gewinnstrategien nach. Spätestens, wenn du mit ihnen über Voice-Messenger sprichst, entsteht eine Bindung. Wir kommunizierten über TeamSpeak, Discord, Skype, ICQ und MSN. Heute sind Voice-Programme oft ein Zusatz-Feature im Client der Spiele, wie League-Voice bei *LoL*. Durch den Austausch bekommst du ein Gefühl dafür, wie deine Mitspieler drauf sind. Man öffnet sich füreinander. Das war jedenfalls bei mir so. Erst war ich zurückhaltend, dann wurde ich mutiger; erst war ich Support, dann wurde ich Jungler; erst gründete ich die Rainbow Bunny Lovers, dann Unicorns of Love. Dass es mit meinen Mitspielern keine großen Diskussionen über die Team-Namen gab, war ein weiterer Ausdruck dafür, dass wir auf einer Wellenlänge lagen. Wir waren alle der Meinung: Das Leben ist zu kurz, um sich selbst wichtiger zu nehmen, als man ist. Was soll die Arroganz? Leb dein Leben, spiel dein Spiel und probiere aus, was dir Spaß macht – das war das Motto, dem wir folgten. Und das äußerst konsequent!

## Der erste Star-Moment

Das Team, mit dem ich die ersten richtigen Turniere spielte, bestand aus: Enlightment auf der Mid Lane, Vizicsacsi auf der Top Lane, Vardac als →AD Carry (ADC), Hylissang als Support und mir als Jungler. Hylissang und Vizicsacsi belegen noch heute

Plätze in den obersten Rängen in der *League of Legends European Championship* (*LEC*), also der höchsten europäischen *LoL*-Liga. Hylissang war 2018 WM-Finalist, gewann den Spring-Split 2022 und belegte den zweiten Platz im Most-Valuable-Player-Ranking.

Solche Höhenflüge waren für uns damals, also Anfang der 2010er, nicht ansatzweise vorstellbar. Zumal es die Ligen und die LEC noch nicht gab. Die Turnierlandschaft von *LoL* war noch in der Entstehungsphase. Wir hangelten uns da so durch. Erst spielte jeder für sich →Solo Queue, dann spielten wir gemeinsam Fünf-gegen-fünf-Rangliste, dann → Scrims, also Trainingsspiele, für die wir uns zu bestimmten Zeiten mit anderen Teams verabredeten. Ich werde nie vergessen, wie wir gegen Alex Ich, beziehungsweise das ganze legendäre →Roster von Moscow-Five, spielten. Sie waren schon damals berühmt in der Szene, und wir bewunderten sie sehr. Mit Moscow Five trainieren zu können war für uns, als würde man einem Nachwuchs-Fußballer sagen, dass er mit Cristiano Ronaldo kicken darf. Dieses Spiel war unser erster Star-Moment. Wir haben natürlich verloren. Aber einen Monat später sahen wir im Live-Stream, wie Moscow Five bei den »Worlds« 2012 gegen die Super-Champs von Taipei Assassins (TPA) aus Taiwan spielten. Und wir konnten sagen, dass wir auch schon gegen Moscow Five gespielt haben. Das war mega – auch wenn Moscow Five am Ende verlor und TPS Weltmeister wurden.

Es folgten weitere Highlights: Online-Turniere, wie der Black Monster Cup, wo es schon um etwas mehr Preisgeld ging. Ein Spiel gegen Cloud9, die später richtig groß wurden. Und natürlich das erste Offline-Turnier im April 2014 bei der Insomnia 51 in Coventry bei Birmingham, von dem ich in vorherigen Kapiteln schon viel erzählt habe. Trotzdem möchte ich kurz eine Anekdote erwähnen, die einerseits lustig ist und andererseits illustriert, wie blauäugig wir das Ganze damals angingen.

Wir hatten alle fünf bei TeamSpeak besprochen, dass wir gemeinsam bei Insomnia 51 antreten wollten. Die Flüge nach London und die Zugtickets nach Birmingham waren gebucht, alles schien geregelt. Mein Vater wollte uns begleiten, und wir gingen zwei Tage vor Reiseantritt gemeinsam durch, ob wir an alles gedacht hatten. Dabei stolperten wir zum ersten Mal über den Vermerk, dass die Insomnia 51 ein »BYOC«-Event war. Mein Vater fragte: »Wofür steht denn BYOC?« Ich zuckte ahnungslos die Schultern. Er suchte im Internet, bekam große Augen und rief leicht geschockt: »Das heißt ›Bring your own Computer‹!«

Damit hatten wir ein Problem. Ich erinnere mich nicht mehr genau, ob damals generell noch wenige Zugang zu Tablets und Laptops hatten, oder ob es schlicht daran lag, dass wir alle jung und pleite waren (Hylissang war gerade mit der Schule fertig, wir anderen studierten). Ich war der Einzige aus dem Team, der immerhin ein altersschwaches Apple-Laptop besaß. Die anderen spielten alle zu Hause auf Desktop-PCs mit großen Monitoren, die sie unmöglich mit ins Flugzeug nehmen oder als Reisegepäck aufgeben konnten. Doch zum Glück half uns mein Vater aus der Patsche. Wie meine ganze Familie, unterstützte er meine Spielleidenschaft von Anfang an. In seinem unvergleichlichen Pragmatismus lieh er mir kurzerhand sein Arbeits-Laptop, kaufte zwei weitere und kümmerte sich darum, dass wir in Birmingham bei einem Technik-Verleih einen vierten Rechner leihen konnten. Damit waren alle ausgestattet. Ich spielte das Turnier auf dem erwähnten lahmen Apple-Laptop. Ich weiß noch, dass ich beim Spielen ständig vom Bildschirm wegzoomte, um den Akkustand zu prüfen. Rückblickend kommt es mir vor, als hätte ich die Hälfte der Zeit blind rumgescored, ohne richtig zu erkennen, was ich tat, während mir permanent die Angst im Nacken saß, dass der Computer abschmiert. Irgendwie ein bezeichnendes Bild für die gesamte Anfangszeit von UoL als E-Sport-Team.

Am Ende hat sich die Aufregung mehr als gelohnt. Wir kamen bei der Insomnia 51 ins Finale – was nicht völlig überraschend war, denn durch unsere Erfolge bei Battles, die wir zuvor online gewonnen hatten, gingen wir als eines der Favoriten-Teams in den Contest. Trotzdem war das Turnier kein Sonntagsspaziergang. Ins Finale starteten wir mit einem technischen K.o., weil wir im Spiel zuvor einen Skin pickten, der bei dem Event nicht zugelassen war. So starteten wir mit 0:1 ins Endspiel, sprich, die Gegner mussten nur zwei Spiele gewinnen, um zu siegen, wir dagegen drei. Schließlich schafften wir es, den Rückstand aufzuholen, mit 3:2 zu gewinnen und 2500 Pfund abzuräumen. Die Freude war riesig. Wir, die Misfits-Truppe mit dem seltsamen Team-Namen, den zu großen Klamotten und den uncoolen Frisuren, die sich erst ein paar Stunden zuvor das erste Mal persönlich begegnet war, holte trotz denkbar schlechter Ausgangslage den Titel. Auch das war ein UoL-Star-Moment. Danach war klar, dass das nicht unser letztes Offline-Turnier gewesen war.

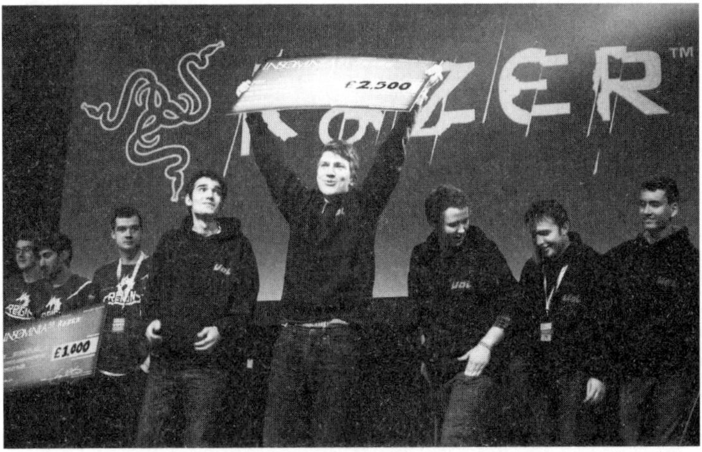


*Erster UoL-Sieg bei einem Offline-Event auf der Insomnia 51. Von links nach rechts: Hylissang, ich, Vardags, Vizicsacsi und Xodiaz (heute Kubu)*

Heute weiß jeder, der bei *LoL* in den Rang des Masters, Grandmasters oder Challengers aufsteigt, dass eine Profikarriere für ihn nicht nur möglich, sondern quasi vorgezeichnet ist. Das war damals noch viel abstrakter. Wir gehörten zur ersten Generation derjenigen, für die eine Karriere im Profi-Gaming eine Option war. Auf mich wirkte dieser Gedanke gleichzeitig folgerichtig und irreal. Allerdings drängte er sich auch immer mehr auf: Spielerisch verbesserten wir uns stetig; Berührungspunkte mit Profi-Teams waren nicht mehr völlig fremd, weil wir sowieso mit ihnen auf einem Level spielten; und etwas Geld hatten wir mit dem Spielen auch schon verdient. Warum also nicht den letzten großen Schritt wagen und aus dem Hobby einen Beruf machen? Wir wollten es zumindest versuchen.

Es war klar, dass wir ein paar Dinge ändern mussten, um das Abenteuer E-Sport zu unserem Beruf zu machen. Vor allem brauchten wir eine Struktur, also eine klare Aufgabenverteilung, und definierte Ziele. Eine der ersten Maßnahmen im Zuge unserer Professionalisierung war, dass ich vom Spieler zum Coach wurde. Es zeichnete sich schon seit Längerem ab, dass ich mich meistens um alles Organisatorische kümmerte. Ich arrangierte die Scrims, also die Verabredungen mit anderen Teams für Trainingsspiele; für Offline-Events koordinierte ich die Treffpunkte und plante die Reisen; nach Spielen oder Turnieren bestand ich auf Reviews, also Nachbesprechungen mit darauffolgenden Strategie-Brainstormings. Dass meine spielerische Performance unter den organisatorischen Anforderungen zu leiden begann, war für mich der erste Grund, den Spielerposten aufzugeben. Der zweite war, dass ich von uns fünfen derjenige war, der sich am meisten für alles Analytische interessierte. Es machte mir schon damals Spaß, Menschen zu beobachten, ihre spielerischen Talente herauszufinden und deren Aufbau zu unterstützen. Nachdem wir im Juni 2014 mit dem Briten Daniel Hockley alias Dan (der kurz darauf durch Gilius ersetzt wurde) einen vielversprechenden Jungler-Ersatz für mich fanden, konnte ich mich voll auf Spielerführung und Gewinnstrategien konzentrieren. Ich habe den Schritt in die zweite Reihe nie bereut. Es war klar, dass wir so am meisten erreichen würden, und das hatte Priorität.

Dann definierten wir unsere Ziele. Das erste war die Qualifikation für die EU LCS (so hieß die offizielle *LoL*-Europa-Liga damals). Das zweite, noch ziemlich ferne Ziel, war die *LoL*-Weltmeisterschaft, deren Finale 2015 zum ersten Mal in Deutschland – in Berlin – stattfinden sollte. Rückblickend würde ich sagen, dass wir damals die meiste Zeit nicht wirklich wussten, was wir taten. Was sich lustigerweise als Vorteil entpuppte. Denn wenn wir nicht wussten, was wir taten, konnten es unsere Gegner noch viel weniger wissen.

## Der Krimi: Die Qualifikation für die Liga

Um sich für die offizielle Riot-Games-Liga zu qualifizieren, musste man in der Fünf-gegen-fünf-Rangliste unter die Top 6 kommen. Das schafften wir im Sommer 2014. Zumindest fast. Weil wir punktgleich waren mit den Playing Ducks, einem weiteren deutschen Team, mussten wir gegen sie ein →Tiebreak-Qualifikationsspiel machen. Wir gewannen es mit Ach und Krach. Dann spielten wir eine Reihe von Turnieren, bei denen ich heute nicht mehr genau weiß, wo in der Welt sie überall stattfanden. Ich weiß nur noch, dass Riot Games bei offiziellen Wettkämpfen um die »Worlds«-Qualifikation die Reise- und Unterkunftskosten übernahm. Deswegen glaubte ich lange, wir hätten keine eigenen Ausgaben. Mein Vater verriet mir sehr viel später beiläufig, dass er damals alles für die Spieler und mich bezahlt hatte – Taschengeld, Visagebühren, Zubehör und Taxifahrten. Er tat das, ohne auch nur einmal Anerkennung oder Dank einzufordern, was ich ihm bis heute hoch anrechne. Er war wie ein Privatsponsor im Hintergrund, der uns durch seine Unterstützung ermöglichte, den Kopf frei zu haben und uns voll auf unsere eigentliche Aufgabe zu konzentrieren: spielen und gewinnen. Heute weiß ich, wie wichtig dieser Aspekt für den Aufbau einer E-Sport-Karriere ist. Wenn man sich neben dem Gaming mit Existenzängsten oder anderen Jobs rumschlagen muss, geht zu viel Energie flöten, die fürs Spiel reserviert sein sollte.

Eines unserer ersten Qualifikationsspiele im Herbst 2014 war gegen Gamers2. Die sind inzwischen unter dem Namen G2 Esports bekannt und immer noch erfolgreich. Damals waren sie ähnlich neu im Geschäft wie wir. G2-Gründer Ocelote spielte im Match gegen uns sogar noch selbst mit. Wir entschieden das Spiel trotzdem für uns und verbauten Gamers2 damit den Einzug in die EU LCS. Also auf zum nächsten Gegner: Ninjas in Pyjamas (NIP). Die waren nicht neu im Geschäft, sondern seit 2000 im *Counter-Strike*-Bereich aktiv. Für ihr *LoL*-Team hatten sie Alex Ich verpflichtet, mit dem wir zwei Jahre zuvor im Trainingsspiel gegen Moscow Five gespielt hatten. Es ist wohl überflüssig zu erwähnen, dass NIP als klare Favoriten in den Wettkampf gingen. Trotzdem kickten wir sie raus, denn wir wählten auch hier verrückte Champions und einen aggressiven Spielstil, mit dem wir sie einfach überrumpelten. Alle Unicorns hatten einen riesengroßen Willen. Dementsprechend machten wir uns selbst viel Druck. Unter Druck entstehen Diamanten. Dieses Prinzip gilt offenbar auch fürs Gaming.

Nach unserem Sieg gegen NIP waren wir das erste Neueinsteiger-Team, das in die Relegationsrunde kam. Die zwei schlechtesten Teams aus der EU LCS konnten sich aussuchen, gegen wen sie kämpfen wollten. Millenium, eine erfolgsverwöhnte E-Sport-Truppe aus Frankreich, wählte uns als Gegner. Wahrscheinlich dachten sie, unser Sieg gegen NIP sei nur ein Glückstreffer gewesen. Doch sie übersahen unsere große Stärke: die Unberechenbarkeit. Besonders mit der Wahl der Champions zauberten wir ständig neue Überraschungen aus dem Hut. Gegen Gamers2 spielten wir mit den damals völlig unpopulären Champions Cassiopeia und Kog'Maw auf der Mid Lane, was sich aber durch die Genialität unseres Mid Laners PowerOfEvil und sein Verständnis dieser Charaktere als genau richtige Entscheidung entpuppte. Gegen NIP wiederum ließen wir auf der Top Lane Großgeneral Swain gegen den Baumriesen Maokai antreten – ebenfalls eine wilde, weil völlig unübliche Wahl. Eine solche sollte uns auch im entscheidenden Duell gegen Millenium zum Vorteil werden.

Am Anfang lief es gegen Millenium überhaupt nicht rund. Nach zwei Spielen lagen wir 2:0 zurück. Im dritten Spiel wählte Vizicsacsi auf der Top Lane auf einmal die Hüterin des Hammers als Champ: Poppy. Niemand spielte damals Poppy, weil sie nicht viel konnte und nutzlos schien. Superbrain Vizicsacsi machte sie auf mysteriöse Weise zu einer Geheimwaffe, die so durchschlagend wirkte, dass sie uns vorm Rausfliegen bewahrte. Hätte Millenium auch das dritte Spiel gewonnen, wäre unser Traum von der UE LCS für die Saison 2015 vorbei gewesen. Aber dank Poppy bzw. Vizicsacsi gewannen wir das Match – zur großen Überraschung des Publikums und unserer selbst.

Nun stand es 2:1. Es gab wieder Hoffnung für die Unicorns. Diese beflügelte uns dermaßen, dass wir letztlich auch Spiel vier und fünf gewannen und das Turnier mit einem 3:2-Sieg abschlossen. »Welcome Unicorns of Love to the EU LCS«, rief der Kommentator des Live-Streams nach dem fünften Spiel perplex ins Mikro. Er schien darüber genauso fassungslos zu sein wie wir. Man kann den Live-Stream des Spiels heute noch bei YouTube sehen. Für mich ist dieser entscheidende Augenblick nach wie vor ergreifend. Er war unser erster großer Durchbruch – der ultimative Gänsehaut-Moment der Cinderella-Story, die der UoL-Aufstieg für mich bis heute ist.

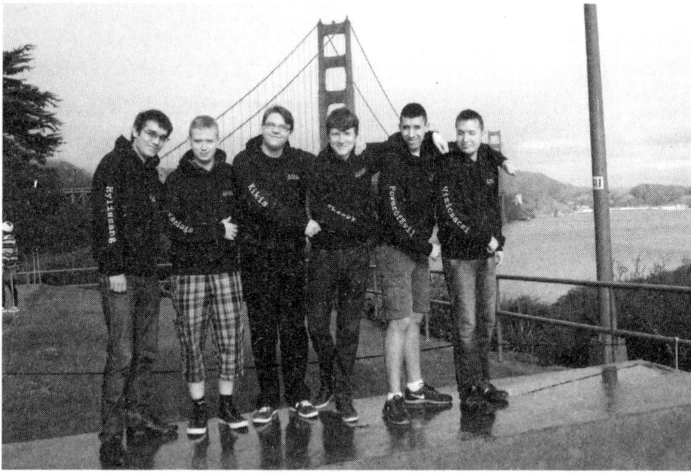


*Von links nach rechts: Hylissang, Vardags, Kikis, ich, PowerofEvil, Vizicsacsi*

## Hype und Vertrauen: Die Wurzeln des Unternehmens UoL

Nach dem spektakulären Qualifikations-Sieg gegen Millenium bekamen wir viele Anfragen von Teams, die uns unter Vertrag nehmen wollten. Wir waren völlig überwältigt von der großen Resonanz und fühlten uns geschmeichelt. Als Underdogs empfanden wir jedes Interesse einer namhaften Organisation wie einen Adelsschlag, und dass wir nun zwischen verschiedenen Teams wählen konnten, war der pure Luxus. Bei einer renommierten Organisation unterschrieben wir sogar einen Vertrag.

Dass er am Ende platzte, war für mich eine der ersten Lehren, die mir zeigte, wie das E-Sport-Business funktioniert. Die betreffende Organisation hatte offenbar reihenweise Newcomer-Teams angefragt und am Ende mehr Zusagen bekommen, als Teams benötigt wurden. So entschieden sie sich im letzten Moment doch noch gegen uns und schickten uns eine Absage.

Damals war ich enttäuscht, heute bin ich froh darüber. Wäre der Vertrag zustande gekommen, hätten wir unseren Namen aufgeben müssen, wir hätten unsere Follower enttäuscht, wären zum Rädchen im Getriebe einer großen E-Sport-Organisation geworden und hätten nicht zuletzt die Möglichkeit verpasst, uns als eigenständige Organisation und Marke zu etablieren und zu entwickeln.

Das nächste große Turnier nach der EU-LCS-Qualifikation waren die Intel Extreme Masters (IEM). Zu diesem Event wurden die Teams normalerweise nur offiziell vom IEM-Komitee eingeladen, wir hingegen wurden von den Fans als Publikums-Joker gewählt. Das nervenzerreißende Battle gegen Millenium hatte uns in der Gamer-Community einen Riesen-Popularitätsschub verschafft. Viele Menschen wollten mehr von unseren spielerischen Unberechenbarkeiten sehen. Umgekehrt gab es allerdings auch zahlreiche Hater. Für die waren wir die infantilen, pinken Einhörner, die man nicht ernst nehmen und verhindern wollte. Die Kommentare, die damals über uns durchs Netz schwirrten, waren ein gutes Beispiel für sich hochschaukelnde Aggressionen, die in Online-Foren immer wieder zum Problem werden. Damals machte ich mir nicht viel aus ihnen, ich nahm die meisten gar nicht wahr. Wir waren viel zu sehr damit beschäftigt, unseren Höhenflug zu genießen und uns auf die nächsten Turniere zu fokussieren.

Die IEM 2014 fanden im Dezember im kalifornischen San José, in der Nähe von San Francisco, statt. In der ersten Runde spielten wir gegen Lyon Gaming, ein Team aus Lateinamerika, das damals schwer im Kommen war. Das Highlight war allerdings unser Spiel gegen Team SoloMid – das Team war damals das amerikanische Superstar-Roster. Bei der ersten *LoL*-Weltmeisterschaft 2011 waren sie auf Platz drei gelandet, aus US-Turnieren gingen sie regelmäßig als Sieger hervor. Im Team SoloMid verdiente jeder Spieler mindestens 5000 Dollar im Monat. Außerdem hatten sie mit Bjergsen einen schwedischen Superstar-Spieler eingekauft, dem der Ruf der Unbesiegbarkeit vorauseilte. Das war großes Kino. Gegen dieses Team zu spielen, war für uns, als würde der amerikanische Präsident höchstpersönlich zum Kaffee einladen. Wir hätten in Ehrfurcht erstarren können, doch stattdessen blieben wir unserem Chaos-Style treu. Erst überraschte unser Jungler Kikis alle, indem er Twisted Fate als Champ wählte, dann schaffte PowerOfEvil das Unfassbare und brachte den vermeintlich unbesiegbaren Bjergsen zur Strecke. Schließlich entschieden wir die Schlacht souverän mit 2:0 für uns. Das war, als würde im Fußball der SV Hintertupfingen gegen den FC Bayern gewinnen.

Spätestens nach den IEM waren wir international als Newcomer-Team der ungeahnten Möglichkeiten bekannt. Wir genossen den Rummel, behielten aber gleichzeitig unsere nächsten Ziele fest im Blick: die »Worlds« und die Professionalisierung unseres Teams. In den folgenden Monaten lernten wir nicht nur ausgiebig fürs Spiel, sondern auch reichlich für unser Leben. Mein Vater, der uns, wie erwähnt, von Anfang an im Hintergrund den Rücken frei hielt, dachte zum ersten Mal darüber nach, seinen Job aufzugeben und voll in das »Unternehmen Unicorns« einzusteigen. Auch meine Schwester Vivien, die eigentlich Architektur studierte, sich in diesem Bereich aber langweilte, brachte sich zunehmend als Beraterin und helfende Hand ein. Meine Mutter sprach uns derweil als gute Seele und Motivatorin Mut zu. Weil sie selbst mit Gaming wenig am Hut hatte, war sie zunächst skeptisch gewesen und hatte versucht, mich zu überzeugen, doch noch eine Laufbahn als Informatiker oder Mathematiker einzuschlagen. Aber als sie merkte, dass es mir mit dem E-Sport ernst war, und spätestens ab dem Triumph gegen Millenium, den sie als unser größter Fan im Live-Stream verfolgte, unterstützte sie das Projekt UoL als eine Art Mental Coach.

In dieser turbulenten Zeit bildeten sich die Wurzeln des Familienunternehmens, das UoL heute ist. Jeder brachte sich auf seine Weise und mit seinem Erfahrungshorizont ein, und weil wir einander kannten und für die jeweils anderen nur das Beste wollten, waren für uns viele Schwellen der harten Geschäftswelt niedriger als für Neueinsteiger, die auf Hilfe von außen angewiesen sind. Ich denke, es ist in jedem Business wichtig, mit Leuten zu arbeiten, denen man vertrauen kann. In einer neuen und teilweise unkontrolliert wachsenden Branche wie dem E-Sport ist es umso mehr wert.

## Ausnahmezustand Unicorns: Vom Stripclub zum Gaming-Haus

Die Vorbereitung auf die »Worlds« bestritten wir im Profi-Style, nämlich in einem Gaming-House, in dem wir als Team zusammenwohnten und uns zum Training trafen.

Der Weg dahin war aber nicht so einfach: Benötigt wurde eine Wohnung in Berlin mit sechs Schlafzimmern, Trainings- und Aufenthaltsräumen, ausreichend Stromanschlüssen, schnellem Internet und den nötigsten Einkaufs- und Versorgungs-Möglichkeiten (sprich Supermarkt und Ärzten) in der Nähe. Hinzu kam, dass die Mietung nicht zwangsläufig auf Dauer, sondern gegebenenfalls nur für drei Monate, bis zum Ende des Splits angelegt war. Heute findet man in Europa und aller Welt Gaming-Häuser, die diese Form der Infrastruktur speziell für Profi-E-Sportler als Gaming-Hotels anbieten. So was gab es damals noch nicht. Mein Vater verbrachte Wochen damit, eine geeignete Immobilie für unsere Zwecke zu finden. Es erforderte viel Geduld, Erklärungsbereitschaft und Durchhaltevermögen, Vermieter und Banken davon zu überzeugen, ein Projekt sechs junger Vollzeit-E-Sportler mitzutragen. Eine seiner lustigsten Erfahrungen aus dieser Zeit war, als er ein Unternehmenskonto für uns eröffnen wollte. Der Bankberater fragte ihn geradeheraus, ob es sich bei dem Projekt Unicorns of Love um einen Stripclub handele. Zum Glück war mein Vater durch seine jahrelangen Erfahrungen als Selbstständiger abgeklärt und schlagfertig genug, um Fragen wie dieser mit Gleichmut zu begegnen und die Sache lachend richtigzustellen.

Währenddessen kümmerte ich mich um andere organisatorische Baustellen: Mit Acer Deutschland schloss ich unseren ersten Sponsoren-Deal ab, kümmerte mich um Trainingspläne, Hausregeln, Vollmachten, setzte Handyverträge für alle auf und entwickelte mit meiner Schwester erste Strategien, um UoL als Marke zu etablieren – von denen eine der ersten der Entwurf des ursprünglichen Unicorns-Logos mit dem pinken Einhorn war, das meine damalige Freundin entwarf. Als mein Vater endlich ein geeignetes Haus am Berliner Stadtrand in Alt-Köpenick fand, mussten Möbel gekauft und aufgebaut werden. Allerdings gebe ich zu, dass meine Schwester den Großteil übernahm, weil sie im Gegensatz zu mir einen Führerschein hatte.

Dennoch: Wenn ich heute an diese Zeit zurückdenke, fällt mir für sie zuallererst das Attribut »intensiv« ein. »State of emergency« würde auch passen. Ich glaube, das Maß an Überforderung, das für mich damals zum Dauerzustand wurde, konnte ich nur stemmen, weil ich jung, idealistisch und uneingeschränkt von der Sache überzeugt war.

Nun saßen wir also da, in unserem Gaming-Haus am Waldrand und trainierten wie die Verrückten. Mit der Qualifikation für die EU LCS hörten die Goliath-Aufgaben nicht auf. Im Gegenteil. Bisher hatten wir uns gegen die besten Nicht-Liga-Teams und die schlechtesten Liga-Teams behauptet. Ab jetzt mussten wir gegen alle Teams aus der EU LCS bestehen, also auch gegen die richtig starken.

Am Ende des EU LCS Spring Splits 2015 landeten wir einen weiteren Überraschungserfolg, indem wir im Grand Final in Spanien gegen die britischen Giganten von Fnatic immerhin Zweite wurden. Auch das war ein klassischer Unicorns-Win, bei dem wir unter anderem Varus auf der Mid Lane spielten. Verrücktheiten wie diese waren unser Style. Die Fans liebten sie. Und weil wir gewannen, sprach letztendlich auch nichts dagegen. Mit schwachen Champs schwach spielen kann jeder. Aber mit schwachen Champs gewinnen, das musst du erst mal schaffen.

Wir wurden für den Varus-Pick mit dem zweiten Platz im Spring Split 2015 belohnt. Nebenbei hatten wir am Anfang des Splits unseren ersten Team-Manager engagiert: Romain Bigeard, ein lustiger Franzose, der den UoL-Aufstieg aus der Ferne mitverfolgt hatte und unbedingt bei uns mitmachen wollte. Als er sich in einem pinken Onesie bei mir vorstellte, war ich zunächst irritiert. Aber mir war schnell klar, dass er genau die richtige Begeisterung für den Manager-Job mitbrachte. Im Juni 2015 zog Romain bei uns im Gaming-Haus ein. Anfangs schlief er auf dem Sofa, weil wir nur sechs Betten hatten. Er war ein bisschen älter, aber genauso Gaming-besessen und idealistisch wie wir. Fortan prägte er unser Image als bunte Truppe, indem er bei Turnieren in verrückten Kostümen, spacigem Bodypainting oder halb nackt als UoL-Botschafter auftrat. Dadurch erregte er nicht nur vor Ort, sondern auch in den sozialen Netzwerken jede Menge Aufmerksamkeit.

## Der Balance-Akt: Höhenflug vs. Boden der Tatsachen

So charmant ich das anfängliche UoL-Chaos im Nachhinein empfinde, so erschöpfend war es auch. Die Monate bis zur WM waren ein ständiges Auf und Ab. Kein Spiel glich dem anderen, die Strukturen waren noch unklar, und wir alle mussten erst in unsere neuen Positionen als Gaming-Profis und selbstverantwortliche junge Erwachsene hineinfinden. Die Herausforderungen fingen bei der Organisation unserer Gaming-Haus-WG an: Wer wäscht wann ab? Wer geht wann einkaufen? Wer kocht? Wer putzt? Wir hatten alle keine Ahnung, wie man einen Haushalt führt. Einmal erwischte ich Hylissang zum Beispiel mitten in der Nacht dabei, wie er seine Bettwäsche mit der Hand in einem winzigen Waschbecken wusch. Denn er wusste nicht, wie man die Waschmaschine bediente. Dieser Vorfall ist nur ein lustiges Beispiel für die Kuriositäten, zu denen unsere Unerfahrenheit immer wieder führte. Weniger amüsant aber war, dass wir ständig wegen lächerlichen Kleinigkeiten wie Abwasch, Einkaufen oder verbrauchtem Klopapier in Streit gerieten. Kompromisse zu machen, mussten wir alle erst lernen.

Spielerisch war die Lage ähnlich. Einerseits war uns allen klar, dass unsere Sieges- und Glückssträhne irgendwann enden musste, andererseits waren wir nicht darauf vorbereitet. Als es für uns im Summer Split 2015 auf einmal schlechter lief, warf jeder Fail unser Selbstvertrauen und unsere Spielmoral um Lichtjahre zurück. Da verwandelte sich der Druck, unter dem wir alle standen, plötzlich von einem Motor in eine Last. Und auch wenn wir danach wieder einen Erfolg verbuchten, fühlte er sich nicht wie ein Triumph an, sondern eher wie ein Trostpflaster.

Das Ziel, in der Liga zu bestehen, wurde zur Zerreißprobe. Es war wie Tauchen ohne Erlösung: Jedes Mal, wenn wir die

Wasseroberfläche durchbrachen, merkten wir beim Einatmen, dass wir noch gar nicht die wirkliche Oberfläche erreicht hatten, sondern über uns noch drei, vier oder fünf weitere Wasserschichten lagen. Und die mussten alle noch durchbrochen werden, um wieder Luft holen zu können. Die sprichwörtliche Atemlosigkeit zehrte an uns. Wir waren alle noch zu jung, um zu wissen, wie man mit Druck sinnvoll und konstruktiv umgeht, deshalb gab es oft Streit und viele Tränen. Gleichzeitig klammerten wir uns an die berauschenden Glücksmomente der Siege. Es war ein längerer und manchmal schmerzhafter Lernprozess, durch den wir aber erfuhren, dass zum Leben beides gehört: Gewinnen und Verlieren.

Letztendlich scheiterten wir in der Qualifikation für die »Worlds«. Stattdessen erhielten wir zum Saisonschluss die nächste Lektion über die Gepflogenheiten im E-Sport-Business, weil andere Organisationen versuchten, unsere Spieler abzuwerben. Schon vorher hatte unser Jungler Kikis das Handtuch geworfen, weil er den Druck nicht mehr ertrug. Unsere Top-Spieler Hylissang und Vizicsacsi blieben zum Glück, aber das restliche Roster musste für die nächste Saison neu aufgebaut werden. Heute weiß ich, dass das normal ist, aber damals musste ich erst mal mit der Schnelllebigkeit und dem Spieler-Poker in der E-Sport-Branche umzugehen lernen. Weil wir uns selbst finanzierten, hatten wir kein großes Budget und wirtschafteten immer auf Kante. Das gesamte Geld, das wir von Sponsoren und von Riot Games für die Liga-Teilnahme bekamen, floss direkt zurück an die Spieler. Trotzdem war die Sorge, dass ein anderes Team mehr bieten könnte, immer im Hinterkopf. Als Coach wuchs ich an diesen Erfahrungen. Als Mensch auch. Trotzdem waren sie nicht immer angenehm. Wenn ich mit unserer Geschichte und diesem Buch ein paar Newcomern helfen kann, gewisse Anfängerfehler zu vermeiden oder zumindest auf sie vorbereitet zu sein, wäre das –

abgesehen von meiner persönlichen Festigung – wohl einer der heilsamsten Nebeneffekte jener aufreibenden Jahre.

## Alle Wege führen nach RCADIA

Wir hielten uns vier Jahre lang in der Liga, aber schafften es nie, uns für die »Worlds« zu qualifizieren. Dieses Ziel stand weiterhin im Raum. Es blieb mein ewiger Fixpunkt. Allerdings wurden die Anforderungen stetig höher. Im Zuge der zunehmenden Professionalisierung des E-Sports startete Riot Games 2018 in den USA und ein Jahr später in Europa die →Franchise-Liga. Dort fielen Relegationsspiele weg. Stattdessen wurden alle Liga-Teams vom Publisher ausgewählt und sogenannte Buy-ins eingeführt, also quasi Teilnahmegebühren in Millionenhöhe. Nachdem wir die Aufnahme in die Franchise-Liga mit UoL verfehlten, wechselte ich kurzzeitig zu SK Gaming, einer breit aufgestellten E-Sport-Organisation aus Berlin. Ich wollte mal etwas Neues kennenlernen. Währenddessen führten mein Vater und meine Schwester UoL auf eigene Faust weiter und bauten das Portfolio um neue Disziplinen wie Sim Racing, eSailing und das damals neue *PUBG Mobile* aus. Im Zuge dessen lernte meine Schwester Vivien jemanden kennen, der uns beim Aufbau eines Unicorns-Teams für die *LoL* Continental League (LCL), also die Liga des CIS (Commonwealth of Independent States = Gemeinschaft Unabhängiger Staaten) unterstützen wollte. Das war die optimale Herausforderung für mich. Und weil es mir bei SK inzwischen an Entfaltungsmöglichkeiten fehlte, nahm ich meinen Hut und kehrte zurück zu meiner eigentlichen Bestimmung: ein Unicorn zu sein. Wenig später reiste ich nach Moskau und baute dort mein erstes LCL-Team auf – mit dem ich Ende 2019 endlich zu den »Worlds« fuhr. 2020 noch mal. Und 2021 wieder. Wir waren zwar jedes Mal ein gutes Stück davon entfernt, den Titel zu holen, aber wie ich immer sage: Nach dem Fail ist vor dem Sieg. Nicht zuletzt sind gerade im Gaming unerreichte Ziele ein ständiger Antrieb, um weiterzumachen.

Doch selbst wenn das Schicksal auch in Zukunft keinen *LoL*-Weltmeister-Titel für UoL und mich bereithalten sollte, wird die Zukunft des Gamings im Zeichen der Einhörner stehen.

2019 freundete sich Vivien mit Tomislav Karajica an, einem E-Sport-begeisterten Hamburger Investor, bei dem wir 2020 einen Pachtvertrag für ein großes Tagungshotel im Osten Hamburgs unterschrieben. Derzeit bauen wir gemeinsam mit der Event-Agentur More than! ein Paradies für Gamer auf – sprich einen Ort, an dem Gaming im großen Stil zelebriert wird, E-Sportler unter optimalen Bedingungen trainieren können, Nachwuchs-Gamer gefördert und Casual-Gamer entertaint werden. Und nicht zuletzt soll der Geist der Unicorns auf 20 000 Quadratmetern und neun Etagen gepflegt, gelebt und gefeiert werden. Wir haben das Gebäude RCADIA getauft. Es ist sozusagen das Schloss, das zu jeder richtigen Cinderella-Story dazugehört. Allerdings ist es nicht elitär, sondern offen für alle, die die Zukunft des Gamings mitgestalten wollen. Es besteht also Hoffnung, dass mein Weg mit UoL auch weiterhin ein Spiegel der Entwicklung der Gaming-Branche bleibt. In diesem Sinne: Leb dein Leben, spiel dein Spiel!

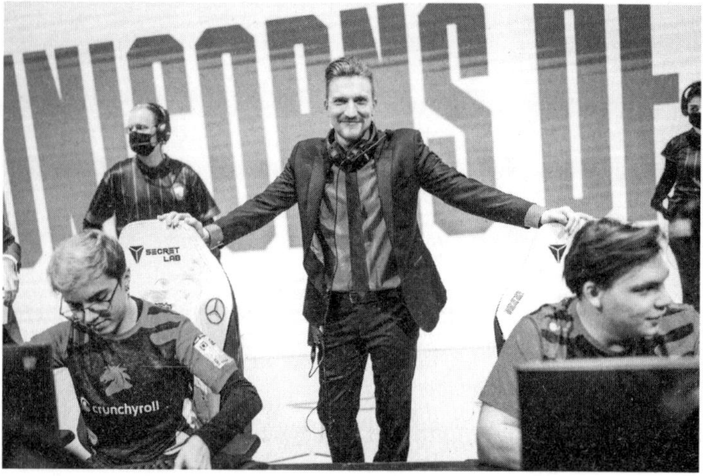


*Coach Sheepy is ready to play – Ich (Mitte) und meine Jungs bei den »Worlds« 2021 in Reykjavík, Island*

**Step by Step: Der Aufbau einer E-Sport-Organisation**

Ich gebe zu: Um in der UoL-Cinderella-Story die Zutaten und Etappen der Entstehung einer E-Sport-Organisation zu erkennen, muss man zwischen den Zeilen lesen. Deshalb kommen sie hier ohne Auf und Ab und Chaos als Liste!

- Das Herz einer E-Sport-Organisation ist ein Roster aus motivierten Spielern, die mehr wollen und können als Casual-Gaming.
- Um ins Profi-Gaming einzusteigen, braucht es nicht nur Spiel-, sondern auch jede Menge Turniererfahrung.
- Ganz ohne Geld kann der Einstieg in den Profi-E-Sport kaum gelingen. Teams sind gut beraten, sich frühzeitig nach (Privat-)Sponsoren umzusehen, die sie bei der Finanzierung von Reisen, Ausrüstung und technischem Gerät unterstützen.

- Die Verbindung zur Gaming-Community, beziehungsweise der Aufbau und die Pflege einer eigenen Fanbase via Social Media, gehört zur Basisarbeit.
- Profi-Teams brauchen Trainingsräume – im besten Fall in einem eigenen Gaming-Haus, mindestens aber in einem Gaming-Hotel.
- Mindestanforderungen für eine Gaming-Haus-Immobilie: Schlafräume, Trainingsräume, Küche, schnelles Internet, ausreichend Steckdosen, ein Rechner/eine Konsole pro Spieler plus Coach, Einkaufsmöglichkeiten und Verkehrsanbindung in Reichweite, geduldige Nachbarn.
- Erfolgreiche Teams/Spieler werden früher oder später Anfragen von E-Sport-Organisationen bekommen, die sie unter Vertrag nehmen wollen. Wer solche Angebote annimmt, muss sich darüber im Klaren sein, dass er ein Stück seiner Unabhängigkeit aufgibt und zum Botschafter der Organisation wird, bei der er unterschreibt.
- Apropos Verträge: Profi-E-Sport basiert auf Verträgen – zwischen Spielern und Organisationen, Organisationen und Publishern, Publishern und Spielern. Es ist empfehlenswert, vor der Unterzeichnung immer den Rat eines Juristen einzuholen, um keine bösen Überraschungen zu erleben.
- Der minimale personelle Grundstock einer Organisation besteht neben den Spielern aus: Investor, Coach, Manager und Marketingexperte.
- Der minimale administrative Grundstock für die Gründung einer Organisation besteht aus: Unternehmenskonto, Firmensitz, Steuernummer, Handelsregister- bzw. Vereinseintrag (mehr dazu im Kapitel »Die Branche« ab Seite 194).
- Jede Organisation ist eine Brand. Sie braucht eine Corporate Identity, die sich über Logos, Social-Media-Auftritte, Team-Jerseys etc. mitteilt.

- Ein Team ist gut, aber es geht auch mehr. Das Tätigkeitsfeld einer Organisation lässt sich ausweiten. UoL hat neben der Ursprungsdisziplin *LoL* z.B. *Sim Racing, eSailing* und *PUPG Mobile* mit ins Portfolio genommen. Weitere Möglichkeiten: siehe Game-Check ab Seite 38.
- Die Konkurrenz schläft nicht. Das Abwerben erfolgreicher Spieler durch andere Organisationen ist in der E-Sport-Szene gang und gäbe. Es ist sinnvoll, auf derartige Situationen vorbereitet zu sein. Spieler zu halten, fällt leichter, wenn sie faire Verträge haben und gut betreut werden, was aber sowieso Standard sein sollte.
- Um selbst neue Spieler finden und aufbauen zu können, ist die Beobachtung vielversprechender Gamer in der Turnierszene Pflicht.
- Eine gute E-Sport-Organisation ist offen für Input. Die Vernetzung mit anderen Teams, Publishern, Veranstaltern und möglichen Investoren ist der beste Weg für Wachstum und die Entwicklung neuer Projekte.

# WAS MACHT EIN COACH?

Strukturen schaffen, motivieren, Schwachstellen erkennen sowie ausgleichen und Werte vermitteln – das sind die Hauptaufgaben eines Coaches. Aber sie sind erst der Anfang.

Die Tätigkeiten im E-Sport-Coaching sind eine Mischung aus klassischem (also physischem) Sport-Training und analytischem Feedback zur Vermittlung der Spielstrategie. Im besten Fall führt der Coach den Spielern vor Augen, auf welchem Level sie sich gerade bewegen, und hilft ihnen mittels Selbsterkenntnis dabei, zu begreifen, wo sie sich verbessern können und woran sie arbeiten müssen. Um das zu können, bedarf es einer soliden Grundhaltung, eines klaren Bewusstseins für die eigenen Aufgaben und einer konsequenten Methodik. In diesem Kapitel machen wir dich zum Coach, indem wir all diese Punkte üben.

## Grundhaltung

Als Coach bist du darauf angewiesen, dass die Spieler deine Ratschläge annehmen. Um das zu erreichen, ist es zuallererst wichtig, dass du sie nicht von oben herab behandelst und herumkommandierst. Im besten Fall bist du dir im Klaren darüber, dass dein Team spielerisch besser und genialer ist als du, und zeigst es den Spielern auch. Das heißt, du kannst dich von ihnen auch mal eines Besseren belehren lassen. Gleichzeitig signalisierst du aber, dass du durch die Außenperspektive einen besseren Überblick über das Gesamtgeschehen hast und mehr Zeit mit Analyse und Theorie verbringst, also die Wege zum Erreichen des Team-Ziels objektiver beurteilen kannst. Damit die Kommunikation beim Coaching auf Augenhöhe stattfindet, sollte der Coach sein eigenes Wissen teilen, dabei aber immer offen bleiben für die Erfahrungen und Wünsche der Spieler. Außerdem ist Neutralität wichtig, denn einzelne Spieler zu bevorzugen, sorgt für Unzufriedenheit im Team. Und Siege erreicht man eher mit zufriedenen Teams.

## Aufgaben

Neben der Vermittlung von Wissen ist die Hauptaufgabe des Coaches, eine klare Kommunikations-, Team- und Spielstruktur aufzubauen. Ist diese Voraussetzung erfüllt, sollten seine Ideen und Gedankenanstöße im besten Fall von den Spielern sofort verstanden und auf ihre eigene Art umgesetzt werden. Konkret sind die Aufgaben:

- Offenheit für Neues ausstrahlen und bei den Spielern erzeugen.
- Lust auf geniale Ideen und den Glauben an die eigene Genialität wecken.
- Klare Ziele und Strukturen vorgeben und eindeutige Ansagen machen.
- Verantwortlichkeiten im Team herausarbeiten, Aufgaben verteilen und ihre Erfüllung einfordern.
- Ständiges Feedback zum Spiel und spielerischen Veränderungen geben.
- Spieler technisch und mental auf Zack halten.
- Fragen stellen, die die Kreativität der Spieler triggern und sie ermutigen, neue Dinge auszuprobieren.
- Die Befindlichkeiten der Spieler im Auge behalten.

- Eigene Vorschläge und Ansagen im Blick behalten und beim Team immer wieder nachhaken: Wurden sie umgesetzt?
- Motivation mittels Ermutigung und der ständigen Erinnerung an das gemeinsame Ziel (z. B. Weltmeister werden) aufrechterhalten.
- Pflichtbewusstsein wecken und Spieler daran erinnern, dass sie ein gemeinsames Ziel haben.
- Grenzen setzen (z. B. durch klar kommunizierte Trainingspläne und Regeln, die nicht zur Debatte stehen) und Spieler ermahnen, wenn sie beispielsweise Erwartungen nicht erfüllen oder Absprachen nicht einhalten.
- Werte vermitteln, denen sich die Spieler als Team-Botschafter verpflichtet fühlen.
- Mit gutem Beispiel vorangehen! Das heißt: Immer pünktlich sein, sich einwandfrei benehmen und natürlich die eigenen Regeln konsequent befolgen.

## Methodik

### Überblick verschaffen:

Als Coach solltest du immer den Überblick haben. Dafür musst du ihn dir zunächst verschaffen. Und zwar jeden Tag aufs Neue. Mit meinen Teams bespreche ich am Anfang einer Trainingswoche in der Regel den Status quo und kläre die Wochenthemen und -ziele. Am Ende der Woche überprüfen wir, ob die Aufgaben bearbeitet und erfüllt wurden. Ich selbst jedoch schaue mir die Status-quo- und Erfüllungsfragen täglich an, jeden Morgen und Abend. Nur so kann ich im Training immer aktuell auf die individuellen Bedürfnisse und Anforderungen der Spieler eingehen.

Die Erfahrung zeigt, dass es deutlich einfacher ist, den Überblick zu behalten, wenn du von Anfang an genau hinsiehst. Du solltest also schon bei der Zusammenstellung deiner Mannschaft die Spielercharakteristiken, das Temperament, die Stärken und Schwächen der einzelnen Spieler erkennen und gedanklich ins Gesamtgefüge des Teams integrieren. Danach ist sehr wichtig, die Stärken der Spieler zu unterstützen und aufzubauen. Egal wie verrückt oder ungewöhnlich ein Gaming-Stil ist, solange ihr damit gewinnt, ist er okay.

Weiterhin solltest du von Anfang an wissen, wofür dein Team/deine Organisation steht, also welche Werte sie haben, denn die bestimmen den Umgangston und die Außenwirkung des Teams. Die Unicorns-Grundwerte, die ich vor jeder Saison betone, lauten zum Beispiel: respektvoller Umgang miteinander, Sensibilität für die Bedürfnisse anderer, Treue zur Philosophie der Organisation, kein Rassismus, keine Diskriminierung, keine Witze auf Kosten anderer, kein Flaming und Swearing. Meine Herangehensweise ist, professionell Spaß zu haben und mit Liebe zu gewinnen.

**Planen:**

Wer klare Ziele und Strukturen vorgeben will, muss selbst welche haben. Mit anderen Worten: Vorbereitung ist alles. Ein Großteil der Coach-Tätigkeit besteht aus einer guten Analyse, Planung und Organisation. Coaching-Tage takten, Scrims (Trainings-Spiele) mit anderen Teams verabreden, dein Team für Turniere anmelden, vor einem Turnier (wenn bekannt) die Schwachstellen und Stärken der gegnerischen Mannschaft →scouten – all das gehört zur Vorabplanung, aus der sich Kurzzeit-Ziele ergeben und der Trainings-Schedule einer Woche zusammensetzt. Dieses Prinzip ist auf die Langzeitplanung (zum Beispiel für die komplette Saison) übertragbar. Außerdem ist es wichtig, dir selbst eine Struktur zu geben, die in turbulenten Trainingsphasen als Rückgrat und Kompass dient. Ansonsten bist du als Coach auch Vermittler – zwischen Spielern und Publishern, Spielern und Veranstaltern, Spielern und Sponsoren und natürlich Spielern und der E-Sport-Organisation, für die ihr arbeitet.

### Ziele ausgeben:

Die letzten beiden Punkte dienten deiner eigenen Vorbereitung, jetzt geht es darum, die Ergebnisse an die Spieler heranzutragen. Hier gilt es, unmissverständliche Aussagen zu machen, ohne dogmatisch zu sein, und den Sinn deiner Planung zu vermitteln, ohne zu belehren. Wer sich systematisch vorbereitet hat, sollte keine Probleme haben. Ansonsten wichtig: Offen bleiben für Veränderungsvorschläge und Einwände der Spieler! Nachfragen ernst nehmen und gewissenhaft beantworten (dumme Fragen gibt es nicht). Nach dem Briefing die ausgegebenen Ziele noch mal kurz aufzählen. Nachhaken, ob sie von allen verstanden wurden. Danach heißt es, loslassen und die Spieler ihr Ding machen lassen, statt ihnen ständig reinzureden.

Was die Trainingsziele angeht: Wenn 80 Prozent von dem eintritt, was du dir vorgenommen hast, ist das ein guter Schnitt. Die restlichen 20 Prozent sind Raum für Zufälle, Glück und unerwartete Lerneffekte. Das gleiche Prinzip gebe ich meinen Spielern auch als Faustregel für ihr Spielverhalten mit: Sei zu 80 Prozent super in dem, was du am besten kannst, aber lass immer 20 Prozent Raum für Offenheit und die Entdeckung von Neuem und Innovation. Flexibilität ist im Gaming wichtig. Deshalb ist ein fester Bestandteil meines Trainings, Top-Lane-Spieler auch mal auf der Bottom Lane spielen zu lassen und umgekehrt. Es ist zu erwarten, dass wir das Übungsspiel auf diese Weise verlieren. Aber der positive Effekt ist, dass die Spieler die Herausforderungen ihrer Mitspieler besser verstehen und deren Rolle in ihrem eigenen Spiel zukünftig viel mehr berücksichtigen können. Zusätzlich können derartige Experimente dazu beitragen, verlieren zu lernen – auch wenn das nicht originärer Sinn der Übung ist. Auch ein Rollentausch zwischen Coach und Spieler kann eine spaßige Übung sein.

Die Hauptsache bei alledem ist, dass man offen bleibt für die Erweiterung des eigenen Horizonts. Denn: Ein wahrer Meister ist ein ewiger Student.

## Feedback und Review:

Es ist eine Sache, zum Anfang der Woche die Ziele einmal klar für das Team zu formulieren. Fast genauso wichtig ist aber, sie im Laufe des Trainings regelmäßig in Erinnerung zu rufen und Feedback zu ihrer Umsetzung zu geben. Wenn die Spieler keines bekommen, fehlt ihnen die Orientierung, und sie nehmen deine Ansagen irgendwann nicht mehr für voll. Außerdem kannst du im Rahmen der permanenten Rückmeldung immer wieder an den Sinn von Trainingsmaßnahmen erinnern, gerade, wenn sie nervig oder beschwerlich sind. An dieser Stelle greift wieder die Faustregel aus der Selbstanalyse: Der wahre Spaß beim Gaming kommt oft erst dann, wenn man zwischendurch auf ihn verzichtet.

Das Review, also die Nachbesprechung, am Ende einer Trainingswoche oder im Anschluss an ein Spiel ist sozusagen die Königskategorie des Feedbacks. Hier geht es darum, zu kritisieren, ohne die Moral kaputt zu machen, und zu loben, ohne Selbstgefälligkeit zu erzeugen. Dabei ist Fingerspitzengefühl gefordert. Je nach Mentalität der Spieler kann Lob nach einem →Loss zum Beispiel viel mehr dazu beitragen, die Spielmoral des Teams wieder aufzubauen, als das Herumreiten auf Schwachstellen. Letztere sind den Spielern im Zweifelsfall sowieso bewusst.

**E-Sport-Coach – Das Profil**

- E-Sport-Coaching ist eine Mischung aus klassischem (also physischem) Sporttraining und analytischem Feedback zur Vermittlung der Spielstrategie.
- Ein Coach muss nicht begnadet spielen können. Seine Aufgabe ist, mittels sauber erarbeiteter, im besten Fall brillanter Ideen die Spieler dazu zu motivieren, ihre eigene Genialität zu entdecken.
- Vorbereitung ist alles. Sie liefert dem Coach die Struktur, die er braucht, um klare Ansagen und konsequentes Feedback zu geben.
- Um einem Team Grundwerte wie Respekt, Sensibilität und Integrität vermitteln zu können, muss der Coach selbst welche haben.
- Die Kommunikation zwischen Spielern und Coach sollte auf Augenhöhe stattfinden.
- Der Coach ist nicht nur Spielberater, sondern auch Organisator – zum Beispiel von Scrims und Turnieren.
- Wenn der Coach seinen Spielern Wandlungsfähigkeit abverlangt, sollte er auch selbst dazu bereit sein – zum Beispiel, indem er probeweise mit ihnen die Rollen tauscht.
- Der Coach ermutigt die Spieler zu Selbstständigkeit und Eigeninitiative. Beides erfordert Mut und Selbstvertrauen. Beides muss der Coach selbst haben, um es vermitteln zu können.
- Der Coach sorgt für Wohlbefinden im Team. Denn zufriedene Spieler bringen zufriedenstellende Ergebnisse.
- Der Coach ist die Schnittstelle zwischen Spielern, Publishern, Veranstaltern, Sponsoren und der E-Sport-Organisation, für die er arbeitet.
- Faustregel für Spieler und Coach: Seid zu 80 Prozent super in dem, was ihr am besten könnt, aber lasst 20 Prozent Raum für Neuentdeckungen und Innovation.

- Ein gutes Review bedeutet manchmal, paradox zu handeln, zum Beispiel, indem der Coach nach einem verlorenen Spiel die Moral mit Lob wieder aufbaut. Daher ist Fingerspitzengefühl bei der Nachbesprechung gefragt.
- Hauptaufgabe des Coaches ist, die Spieler durch eine klare Kommunikations-, Team- und Spielstruktur dazu zu befähigen, seine Ansagen auf Anhieb zu verstehen und am Ende auch ohne sein Zutun Spiele zu gewinnen.

# TEAM-BUILDING

Mannschaften sind die Visitenkarten jeder E-Sport-Organisation. Bei ihrer Zusammenstellung spielt nicht nur spielerisches Können eine Rolle, sondern auch Sympathie, das Budget und ein bisschen Marketing.

Team-Building ist eine Kunst für sich. Sie erfordert zuallererst Empathie, Menschenkenntnis, Vorstellungsvermögen und strategisches Geschick. Im professionellen E-Sport, wo der Erfolg und die Popularität eines Teams von den Spielern und ihrer Kooperation abhängen, ist die Zusammenstellung eines Teams obendrein ein wirtschaftlicher Faktor – nicht zuletzt, weil bewährte E-Sport-Profis inzwischen ähnlich hohe Honorare bekommen wie Mainstream-Sportler (manchmal sogar höhere).

## Grundlagen

Normalerweise bestehen E-Sport-Teams aus fünf Spielern, deren Spielpositionen je nach Game unterschiedlich heißen, aber meist ähnliche Funktionen haben. Die fünf zu besetzenden Rollen bei *LoL* sind zum Beispiel: Top Lane, Mid Lane, Bottom Lane, Jungle und Support. Die drei erstgenannten sind die Spielpositionen, auf denen gekämpft wird. Über die →Lanes (Pfade auf der Spiel-Karte) ziehen alle dreißig Sekunden Einheiten, für deren Tötung die Spieler Geld bekommen. Der Jungler ist zwischen den Lanes im Dschungel unterwegs und dazu da, seinem Team Vorteile zu verschaffen, indem er Monster tötet und ebenfalls Geld sammelt.

Supporter dienen dazu, den anderen den Rücken frei zu halten und die Lane-Spieler vor Feinden zu schützen. Das heißt, sie bekommen kein Geld, sondern laufen einfach nur zwischen den Lanes hin und her, um den Mitstreitern zum Beispiel einen Schild, mehr Geschwindigkeit oder Leben zu geben – eine undankbare, aber wichtige Funktion, um zwischen den Linien Verbindungen herzustellen.

In anderen kompetitiven Games ist die Struktur ähnlich. Bei *Counter-Strike* heißen die Positionen In-Game Leader, Entry Fragger, Lurker, AWPer und Support. Bei *Dota 2* Mid Lane, Off Lane, Carry, Roaming Support und Hard Support, bei *PUBG Mobile* In-Game-Leader, Entry, Carry, Lurker und Support. Die Parallelen zwischen den verschiedenen Spielen beziehungsweise Bezeichnungen sind, denke ich, offensichtlich.

## Die wichtigsten Spieler-Typen

Neben den fünf Spielpositionen gibt es drei zentrale Spieler-Typen: Carrys, Tanks und Supporter. Im Prinzip kann man diese Posten mit den Rollen im Fußball vergleichen: Stürmer, Verteidiger und Torwart. Hier die Profile der drei Spielertypen im Überblick.

### Carry

Wenig Leben, viel Schaden – so kann die Charakteristik der Carrys im Wesentlichen auf den Punkt gebracht werden. Sie sind die Draufgänger, die sich trotz hoher Verletzlichkeit unerschrocken dem Kampf stellen. Weil sie wenig Leben haben, sterben sie schnell, wenn sie getroffen werden. Umgekehrt bewegen sie aber auch sehr viel, solange sie am Leben sind, weil sie eine Menge Schaden verursachen, der die Gegner schwächt. Es wird unterschieden zwischen AD-Carrys und AP-Carrys. AD steht für Attack Damage und bezeichnet den Standardschaden, von dem AD-Carrys viel verursachen; AP steht für Attack Power, den Schaden, der durch spezielle Fähigkeiten verursacht wird und eine besonders hohe Reichweite hat.

Generell müssen Carrys sehr präzise spielen, genau klicken. Ihre Moves sind anderthalbmal so viel wert wie die der anderen. Wenn sie sterben, ist das Spiel aus. Damit sind sie diejenigen, die am offensichtlichsten zu Siegen beitragen und von Fans am meisten bewundert werden. Ob das immer gerecht ist, kann man diskutieren, aber letztendlich ist es wie im Fußball: Da bekommen auch die Torschützen den meisten Applaus und seltener die Verteidiger, die »nur« Gegentore verhindern. Letztendlich hat der Koryphäen-Status der Carrys seine Berechtigung. Denn wenn du einen Gegner umhaust, obwohl du wenig Leben hast, musst du schon sehr gut spielen. Ein Risiko bei Carry-Spielern ist allerdings, dass ihr Temperament im Spiel auch ihrer Persönlichkeit entspricht. Das heißt, sie sind impulsive Charaktere, die oft zu toxischem Verhalten neigen, das man ihnen austreiben muss.

## Tank

Viel Leben, wenig Schaden – das ist tanky Style. Tank-Spieler sind normalerweise im Spiel wie im Leben knuddelige, gelassene Personen, die im wahrsten Sinne des Wortes so schnell nichts umhaut. Damit sind sie einerseits das Gegenteil der Carrys und andererseits ihre perfekte Ergänzung. Sprich: Sie können Angriffe von Gegnern wegstecken, ohne zu fürchten, gleich sterben zu müssen. Das heißt, sie fordern im Spiel die Kampflust der Angreifer gezielt heraus, um sie aus der Reserve zu locken, bis ein Carry ihnen den Garaus machen kann. Eine zentrale Aufgabe der Tanks ist somit das Baiten, oder auf Deutsch das Ködern des Gegners.

### Supporter

Notorisch unterschätzt, aber immens wichtig im Spiel: die Supporter. Sie zeichnen sich dadurch aus, dass sie weder viele Leben haben noch Schaden verursachen. Dafür helfen sie als gute Geister im Hintergrund ihren Mitspielern, am Leben zu bleiben. Hier zwei Beispiele: Versucht ein gegnerischer Lurker durch eine Attacke von der Seite das angreifbare Team zu flanken, lenkt der Supporter ihn ab. Oder wenn die Carrys in die Defensive zu geraten drohen, gibt der Support ihnen Leben oder einen Schutzschild.

Es handelt sich also um eine altruistische Rolle, die naturgemäß mit allen im Team gut Freund ist, denn in der Battle ist jeder für Hilfe dankbar. Dass diese Dankbarkeit im Eifer des Gefechts oft nicht gezeigt wird, müssen Supporter ebenso aushalten wie die mangelnde Anerkennung der Fans. Es ist ein gängiges Klischee in der Gamer-Community, dass diese Rolle häufig von Frauen gespielt wird, was meinen Beobachtungen zufolge auch zutrifft. Vielleicht legen sich viele Frauen deshalb gern auf diese anfängerfreundliche und wohlwollender behandelte Rolle fest, weil ihnen der Einstieg in die Männerdomäne Gaming durch das ignorante Verhalten vieler Kerle ohnehin schwer gemacht wird. Eigentlich ist das Geschlecht beim Gaming aber natürlich egal. Letztlich bedarf es für die Supporter-Rolle einfach nur Teamgeist, einer gesunden Dosis echter Nettigkeit und einer gewissen Uneitelkeit.

## Team-Building in der Praxis

Bei einem E-Sport-Team werden die unterschiedlichen Positionen und Rollen mit Experten für die jeweiligen Bereiche besetzt. Zur Verdeutlichung: Ein Torwart im Fußball trainiert auch über Jahre für seine spezielle Position, im Wettkampf würde man ihn also nie in den Sturm wechseln. Genauso sind die Spieler im E-Sport auf bestimmte Rollen festgelegt, für die sie gescoutet und eingekauft werden – sei es, indem sie aus anderen Teams abgeworben oder als unabhängige Newcomer engagiert und aufgebaut werden. Auch das ist wie im Profifußball.

Trotz der Spezialisierung kann für die Spieler eine gewisse Fluidität (also Mehrfachbegabung für unterschiedliche Rollen) hilfreich sein. Das ist aber ein anderes Thema, auf das ich im Coaching-Kapitel zurückkomme.

Grundsätzlich gilt beim Team-Building: Ein solider Kern ist wichtig, aber du brauchst immer einen oder zwei Star-Spieler mit dem Potenzial, über sich selbst hinauszuwachsen und die Fans zu mobilisieren.

Generell sind Profi-E-Sportler nicht billig. Für LEC-Spieler hat Riot Games zum Beispiel Mindestgehälter von 60 000 Euro pro Jahr festgelegt, bei *Overwatch* liegt das Mindestjahresgehalt bei rund 50 000 Euro und in der amerikanischen *Call of Duty*-Liga bei 50 000 Dollar. Bei Star-Spielern mit einem großen Namen und einer guten Erfolgsbilanz erhöhen sich diese Beträge, weil sie neben spielerischem Können ihre Bekanntheit und Reichweite mitbringen, von denen E-Sport-Organisationen profitieren. Investitionen in Spieler rentieren sich also nicht nur durch die Siege und die damit verbundenen Preisgelder, sondern auch, indem sie lukrative Sponsoren-Deals nach sich ziehen können. Sponsoren mögen es, ihre Firmenlogos auf den Jerseys populärer Spieler zu sehen.

Als Coach habe ich in der Regel ein zuvor festgelegtes Budget für die Zusammenstellung eines Teams, dessen Höhe von vornherein die Möglichkeiten und Unmöglichkeiten beim Einkauf von Spielern definiert. Ansonsten achte ich bei der Rekrutierung von Spielern neben spielerischem Talent und Honorarsätzen vor allem auf Teamfähigkeit, Verlässlichkeit und Integrität, denn diese Eigenschaften gewährleisten, dass eine Person gewissenhaft mit der Verantwortung umgeht, die sie gegenüber den Mitspielern und der Organisation hat. Neben der Leidenschaft fürs Spiel sollte zudem der Karrierewunsch im E-Sport gegeben sein, denn ohne sind das öffentliche Interesse und der hohe Leistungsdruck in der Szene schwer zu ertragen.

Wenn die rekrutierten Spieler dann zum ersten Mal alle gemeinsam zum Training zusammenkommen, wird es immer richtig spannend, denn man kann nie genau vorhersagen, wie sie aufeinander reagieren. Ich finde es faszinierend, nach der Zusammenstellung eines Rosters zu beobachten, wie die Spieler sich kennenlernen, zueinanderfinden, sich gegenseitig anspornen und stützen und zur Gemeinschaft zusammenwachsen. Das wird nie langweilig, weil es bei jedem Team unterschiedlich und oft anders verläuft, als ich es zuvor erwarte. Aber wenn es zu einer harmonischen Gemeinschaft führt, ist es der größte Lohn für die Mühe, die die Recherche im Vorfeld gekostet hat.

**Team-Building – Die Kurzfassung**

- Ein E-Sport-Team besteht in der Regel aus fünf Spielern, deren Positionen jeweils für bestimmte Rollen besetzt werden.
- Team-Building erfordert Empathie, Menschenkenntnis, Vorstellungsvermögen und strategisches Geschick. Es ist aber immer auch eine Frage des Budgets.
- Jedes Team braucht einen Star-Spieler, der das Potenzial hat, über sich selbst hinauszuwachsen und Fans zu mobilisieren.
- Von Publishern festgelegte Mindestgehälter in den großen E-Sport-Disziplinen liegen bei rund 50 000 Euro und mehr pro Jahr.

- Star-Spieler sind zwar teuer, können deiner Organisation aber zu Ansehen und lukrativen Sponsoren-Verträgen verhelfen.
- Die wichtigsten Spieler-Typen sind Carrys, Tanks und Supporter.
- Carrys sind die Stars, sie neigen wegen ihres impulsiven Naturells aber manchmal zu toxischem Verhalten.
- Tanks haben viel Leben und sind damit das Gegenteil der Carrys, aber gleichzeitig ihre perfekte Ergänzung.
- Supporter sind sehr wichtig fürs Spiel, weil sie den Kämpfern helfen. Eine oft unterschätzte Position, die aber von Mitspielern mit umso mehr Wohlwollen bedacht wird.
- Unabhängig von der Spielerposition zeichnen einen guten E-Sportler Teamfähigkeit, Verlässlichkeit, Professionalität und Integrität aus.

# GAMING CAMP

Ist die Phase des Team-Building abgeschlossen, fängt das Training an. Heißt im Klartext: Drei Chapter und jede Menge Vorarbeit. Los geht's!

Training bedeutet für jeden etwas anderes, vor allem aber ist es für Freizeit-Gamer und Profi-Gamer eine grundlegend unterschiedliche Angelegenheit. Oder auf den Punkt gebracht: Für Profis ist es Arbeitszeit, für Freizeit-Gamer eben Freizeit. Es herrschen also unterschiedliche Anspruchshaltungen vor, und der Spaß-Faktor hat einen anderen Stellenwert. Das Ziel ist aber gleich, denn letztlich wollen wir doch alle besser oder, wenn möglich, die Besten im Spiel werden, oder?

Profi-E-Sportler haben Privilegien, die viele, die dieses Buch lesen, wahrscheinlich nicht haben. Sprich: Wir verdienen mit Gaming unser Geld und trainieren in eigens dafür vorgesehenen Räumen. Wir müssen uns auch nicht nebenbei über einen anderen Job Gedanken machen und können unseren festen Trainingsplan verfolgen, ohne dass der Partner, das Kind oder die Eltern reinkommen und irgendetwas von uns wollen. Das ist eine Luxus-Situation. Trotzdem bin ich der Meinung, dass auch Casuals sich vom Trainings-Alltag der Profis ein paar Dinge abgucken können. Diese können helfen, nicht nur spielerisch besser zu werden, sondern auch das Spielerlebnis angenehmer, strukturierter und störungsfreier zu gestalten. Die Punkte fasse ich im Kapitel »Camp Casual« (Seite 183) zusammen.

## Ort

Es passiert nur in absoluten Ausnahmefällen, dass das Training via Online-Konferenz absolviert wird und alle Beteiligten zu Hause vor ihren heimischen Rechnern sitzen. Wegen Reisebeschränkungen in der Anfangszeit der Corona-Pandemie oder als im Februar 2022 der Krieg in der Ukraine losging und meine Spieler aus dem CIS nicht reisen konnten, gab es bei mir ein paar solcher Online-Trainings, aber der Normalfall ist: Je nachdem, wo die einzelnen Spieler sich gerade befinden, einigen wir uns auf einen gemeinsamen Treffpunkt. Dort wird üblicherweise ein Gaming-Haus gemietet oder gestellt. Bei den Unicorns war zum Beispiel lange unser Gaming-Haus in Berlin unsere erste Wahl, in Zukunft wird es das RCADIA in Hamburg sein.

Aber ich bin auch schon nach Moskau geflogen, wo wir eine Gaming-WG angemietet haben. In solchen WGs wohnen Team und Coach für die Zeit des Trainings zusammen. Alternativ kann das Trainings-Zentrum auch ein Office sein, in dem sich alle täglich treffen, während sie in separaten Wohnungen oder Hotels übernachten. Diese Variante ermöglicht allen Beteiligten mehr Privatsphäre, ist aber kostspieliger und somit eine Frage des Budgets. Die Hauptsache aber ist, dass die Spieler fürs Training zusammenkommen. Auf diese Weise können alle besser aufeinander eingehen, und dadurch ist die Arbeit intensiver und effektiver.

## Saison-Planung

Ein neu zusammengestelltes Team sollte zwei Monate vor Saisonbeginn mit dem Training anfangen. So lange dauert es, um eine Einheit unter den Spielern zu erzeugen und alle Themen- und Vorbereitungs-Blöcke vollständig abzudecken (siehe »Trainings-

Chapter« ab Seite 176). Bei *LoL* heißt das, dass wir mit dem Training Anfang Dezember starten. Eine *LoL*-Saison dauert in der Regel von Ende Januar bis Ende Oktober/Anfang November, und die Splits gehen nahtlos ineinander über. Sobald die Saison begonnen hat, ist das Training etwas unregelmäßiger getaktet, weil neben den Scrims zusätzlich Turniere wahrgenommen werden müssen, deren Termine die Veranstalter oder Publisher vorgeben. Andere E-Sport-Disziplinen arbeiten mit anderen Zeiträumen oder kürzeren Seasons, aber viel Urlaub haben erfolgreiche E-Sportler alle nicht.

## Die Trainingswoche

Mein Team arbeitet meistens 39 Stunden pro Woche an sechs Arbeitstagen, also etwa sechseinhalb Stunden täglich. Der freie Tag ist in der Regel montags, manchmal auch freitags, aber jedenfalls nicht klassisch am Wochenende, weil dort die Wettkämpfe stattfinden. Meistens arbeiten wir also von Dienstag bis Sonntag, und die Woche gliedert sich folgendermaßen:

Der Dienstag beginnt mit der Besprechung der Wochenthemen. Die können zum Beispiel sein: Gegen welche Gegner kämpfen wir als Nächstes? Welche Champions besprechen wir? An welchen Schwachstellen müssen wir arbeiten?

Wurde in der Vorwoche zum Beispiel festgestellt, dass das Team zu passiv spielt, ist die Hauptaufgabe der Folgewoche mit ziemlicher Sicherheit aggressives Game-Play. Dann erstelle ich eine Liste mit 15 für diese Spielweise geeigneten Champions, von denen jeden Tag zwei von einem Spieler vorgestellt und anschließend direkt im Spiel ausprobiert werden. Meine Überzeugung als Coach ist, dass dabei immer alle mitmachen müssen, auch wenn bestimmte Champions nicht zu ihrer Spielposition passen. Es geht nie nur um die eigene Position, sondern immer um das gesamte Spiel und das ganze Team. Und es ist wichtig, die Techniken der Mitspieler zu kennen, um im Spiel treffsicher auf andere reagieren zu können.

Ein weiteres Beispiel: Ging es in der vorigen Woche um Champions-Fluidität, kann es in der Woche danach um Map-Fluidity gehen, also darum, sich freier und losgelöster auf der Karte zu bewegen und nicht mit einem Bot-Lane-Champion sklavisch und stupide ausschließlich auf der Bot Lane zu bleiben.

Die ersten zwei Trainingstage der Woche sind die wichtigsten. Da kristallisiert sich heraus, woran wir arbeiten müssen. Der Rest ergibt sich meist von selbst. Am Ende der Woche setze ich das Thema für die Folgewoche und verteile Aufgaben. Der freie Tag nach einer Trainingswoche ist zur Regeneration da und unbedingt nötig. Es ist anstrengend, jeden Tag fünf, sechs Stunden uneingeschränkte Konzentration im Training aufzubringen und voll auf Sendung zu sein. Das ist wie mentales Gewichtheben. Aber genau das verlange ich von meinen Leuten. Sie müssen einen klaren Fokus auf unsere Arbeit legen. Denn sie ist der Weg zu unserem Gesamtziel: beste Spieler, bestes Team und im Idealfall Weltmeister werden!

## Der Trainingstag

Ein Trainings-Tag setzt sich aus drei Komponenten zusammen:

1. FREE TIME = Freizeit, in der die Spieler machen können, was sie wollen.
2. WORK = Kernzeit des Trainings, die durchgehend für Spielen, Denken und Diskutieren, also konstruktive Arbeit (Work), reserviert ist.
3. TASK = Mixed-Phasen außerhalb der WORK-Einheiten, in denen zwar Aufgaben (Tasks) zu erfüllen sind (oft die Vor-

und Nachbereitung der Trainings-Kernzeit betreffend), in denen aber keine Anwesenheitspflicht herrscht und freie Zeiteinteilung möglich ist.

Die Abfolge der WORK- und TASK-Blöcke kann je nach Trainingsstand und Saison-Fortschritt stark variieren, und an sogenannten Official-Tagen (an denen offizielle Wettkämpfe stattfinden) ist der Ablauf voll auf das Turnierspiel ausgerichtet. Um den Trainings-Alltag plastischer rüberzubringen, versuche ich im Folgenden trotzdem, einen möglichst exemplarischen Tagesplan aufzuführen.

### Bis 11:00 Uhr (FREE TIME)

### 11:00 Uhr bis 12:00 Uhr (TASK)

Good Morning Team: Obligatorisches Meeting zum Tagesauftakt mit Begrüßung durch den Coach. Ansonsten Mixed-Zeit zum Warmwerden. Ich vergleiche diesen Zeitraum gerne mit dem Dehnen, das physische Sportler vor dem Training machen. Die rennen auch nicht direkt los, ohne sich vorher aufgewärmt und körperlich als auch mental aufs Training eingestimmt zu haben. Dementsprechend kommen in dieser Phase zum Beispiel die Mechanics-Übungen aus dem Healthy-Gaming-Kapitel zum Einsatz (Seite 94).

Die Tasks der Good-Morning-Team-Phase:

- Jeder Spieler muss seinen Arbeitsplatz vorbereiten, aufräumen, sich Getränke, ggf. Snacks bereitstellen.
- Jeder Spieler schickt eine WhatsApp-Message an den Head-Coach, die das Trainings-Thema des Tages betrifft (z. B. bestimmte Qualitäten des zu besprechenden Champions) bzw. Fragen formuliert, die möglicherweise am Vortag/in der Vorwoche nicht beantwortet wurden.

- Spätestens zehn Minuten vor Ablauf der Good-Morning-Team-Stunde haben sich alle im Trainings-Raum einzufinden.

### 12:00 Uhr bis 12:15 Uhr (WORK)

Team-Meeting: Klärung des aktuellen Stands und der Formulierung der Tages- beziehungsweise Wochenziele durch den Coach. Gegebenenfalls Beantwortung von Fragen aus den Good-Morning-Team-Whatsapp-Nachrichten. Vorstellung der Themen/Champions des Tages, die im Trainingsspiel ausprobiert werden sollen.

### 12:15 Uhr bis 14:45 Uhr (TASK)

→Solo Queue & Lunch: Mixed-Zeit, die fürs Mittagessen und die TASK zweier individuell organisierter Aufwärmspiele im Solo-Queue-Modus reserviert ist.

### 14:45 Uhr bis 14:50 Uhr (WORK)

Pre Scrim Meeting: Eine Viertelstunde vorm Start des ersten Trainingsspiels gibt es noch mal eine kurze Besprechung, in der offene Fragen geklärt werden und der Coach die Trainingsziele wiederholt. Dann gehen alle Spieler fünf Minuten ins →Practice-Tool.

### 14:55 Uhr bis 15:00 Uhr (WORK)

Practice-Tool-Time! Das Practice-Tool ist ein virtueller Übungsplatz, ein Custom-Game, wo sich jeder Spieler individuell im Match gegen den Computer für die jeweilige Aufgabe des bevorstehenden Trainingsspiels vorbereiten kann. Ist das Thema des Trainings zum Beispiel, Ziele zu treffen, die aus dem Nichts hochpoppen, gibt es dafür das entsprechende Tool, um die Hand-Augen-Koordination anzuregen. Bei *Counter-Strike* kann man sogar eigene Karten für bestimmte Trainings-Zwecke erstellen. So etwas gibt's bei *LoL* leider nicht, aber die Practice-Tools, die Riot

Games zur Verfügung stellt, sind trotzdem hilfreich. Dort können die Spieler das zuvor Besprochene für sich selbst anwenden und auf ihre individuellen Fähigkeiten abstimmen. Das ebnet den Übergang von der Theorie zur Praxis – ebenfalls eine wichtige Aufwärmübung, um Vorgänge zu verinnerlichen.

### 15:00 Uhr bis 19:45 Uhr (WORK)

Scrim (WORK): Jetzt wird nichts mehr gedehnt, probiert oder geräumt, denn ab jetzt gilt die volle Aufmerksamkeit den Spielen. Das heißt, jeder Spieler hat seinen Arbeitsplatz vorbereitet, Getränke, Utensilien und Technik am Platz. Wenn solche Dinge erst während des Trainings gemacht werden, flippe ich aus. Ich möchte verhindern, dass alle anderen auf ein Team-Mitglied warten müssen, weil es sich nicht vorbereitet hat. Das ist ein No-Go. Ich sage meinen Spielern immer: Wenn jeder von uns fünf Minuten Verzögerung verursachen würde, wäre man bei sechs Leuten schon bei einer halben Stunde vergeudeter Zeit. Und das ist Zeit, die dafür reserviert ist, die Besten zu werden.

Die Zielvorgabe für das Scrim ist die Bewusstwerdung und Verinnerlichung der →»Win Responsibilities«, die alle Spieler in einem Spreadsheet nachlesen und gegebenenfalls eintragen können. Das Gleiche gilt für die Trainingsvorgaben, die im Scrim strikt einzuhalten sind, allen voran die intern ausgegebene Goldene UoL-Regel: »Achieve your Dreams and Goals! Try best to learn and win Games!« (»Verwirkliche deine Träume und Ziele! Versuch nach besten Kräften dazuzulernen und Spiele zu gewinnen.«)

Zum Spielablauf: Wir betreten die →Lobby, warten, bis der Gegner bereit ist, dann geht's los. Das Spiel besteht aus zwei Teilen. Der erste Teil ist die sogenannte Pick-and-Ban-Phase, also das Auswählen der Champions und Tools, mit denen gespielt wird – normalerweise die, die zuvor besprochen wurden. Im zweiten Teil geht es darum, das Spiel mit den gewählten Mitteln zu bestreiten und möglichst zu gewinnen. Spiele dauern im Schnitt eine halbe Stunde. Danach gibt's fünf Minuten Pause zum Resetten und zehn Minuten Nachbesprechung. Anschließend folgt das nächste Scrim.

### 19:45 Uhr bis 20:00 Uhr (WORK)

Post Scrim Meeting: Kurze Abschlussbesprechung mit Reviews und Ausblick auf den nächsten Tag. Daraufhin beendet der Coach den Trainingstag.

### 20:00 Uhr bis 22:00 Uhr (TASK)

Solo Queue & Dinner: Mixed-Zeit, die fürs Abendessen und die TASK zweier individuell organisierter Spiele zur Nachbereitung im Solo-Queue-Modus reserviert ist.

### Ab 22:00 Uhr (FREE TIME)

»Enjoy life after a great Day of Practice. You go Champ! ☺«

## Regeln

Wie erwähnt, gibt es bestimmte No-Gos im Training. Neben der angeführten Bummelei auf Kosten der Mitspieler gehören bei meinen Coachings auch warme Mahlzeiten und die Nutzung von Social Media im Trainingsbereich dazu. Wer akuten Hunger hat, kann Snacks wie Bananen, Orangen, Äpfel und Müsliriegel essen, die er sich vorher bereitgelegt hat. Handy-Gedaddel oder andere Tätigkeiten, die nichts mit dem Training zu tun haben, sind tabu. Denn sie gehen nur auf die Kosten der Konzentration.

Ihre Freizeit können meine Leute natürlich individuell gestalten. Ich gebe aber Empfehlungen aus, die erfahrungsgemäß zur Fitness beim Training beitragen: Vor der Besprechung um

11:00 Uhr hat es sich bewährt, eine Runde zu laufen, ohne zu schnaufen, zu duschen und in Ruhe zu frühstücken! Ich rate außerdem dazu, den Arbeitsplatz schon vor 11:00 Uhr aufzuräumen, dann bleibt in der Mixed-Zeit bis 12:00 Uhr mehr Luft und Ruhe fürs Wesentliche. Weiterhin sollte man darauf achten, dass die Spieler ihre Freizeit nicht so anstrengend oder exzessiv gestalten, dass sie am nächsten Tag beim Training in den Seilen hängen. Aber wie gesagt, das sind nur Empfehlungen. Jeder Spieler ist unterschiedlich, und nicht für jeden funktioniert das, was mir sinnvoll erscheint, ebenfalls perfekt. Die wichtigste Voraussetzung für das Training ist, mental absolut fit zu sein. Wenn ein Spieler, warum auch immer, nicht in Top-Form ist, müssen wir reden. Wir klären Fragen wie: Was ist das Problem? Warum lässt du dich selbst hängen? Warum lässt du die anderen hängen?

Wenn es Hindernisse gibt, gehen wir sie gemeinsam an. Dafür müssen sie natürlich kommuniziert werden.

## Die Trainings-Chapter

Das Basistraining vor Beginn der Saison gliedert sich bei mir in drei Kapitel: Win Conditions, Fluiditäten und Ingenuity. Im ersten gebe ich den Fahrplan vor, also das Ziel und den Weg dorthin. Im zweiten steht das gemeinschaftliche Finden der individuell und kollektiv effektivsten Lösungen im Spiel im Mittelpunkt. Im dritten sind die Spieler im besten Fall so fit, dass sie eigene Ideen entwickeln, die auch mich überraschen, ohne dass ich genau einschätzen kann, ob sie funktionieren. Unsere Gedanken befruchten sich gegenseitig, das heißt, es wird spannend. Meine Rolle als Coach beschränkt sich dann in erster Linie auf die mentale und moralische Unterstützung, weniger auf Vorgaben der Spielweise.

## Chapter 1: Win Conditions

Die Win Conditions, auf Deutsch in etwa »Bedingungen für einen Sieg«, sind eins meiner Lieblingsgebiete als Coach, denn sie gehören in den Bereich der Game Theory, also der Spielstrategie. Das ist ein Prinzip, das ich schon immer spannend fand, weil es universell anwendbar ist und sich letztendlich auf jede Aufgabe im Spiel als auch im Leben übertragen lässt.

Grundsätzlich geht es dabei um die Klärung folgender Fragen: Welches Spiel spielst du, und wie kannst du es gewinnen? Das klingt vielleicht einfach, ist aber in Wahrheit oft kompliziert. Zum einen sind die Win Conditions in jedem Spiel anders, zum anderen verändern sie sich je nach Aufstellung des eigenen Teams und der Gegner. Je mehr Menschen also an einem Spiel beteiligt sind, desto mehr Faktoren müssen bei der Definition der Win Conditions berücksichtigt werden. Da spielen Aspekte der Wahrscheinlichkeitsrechnung mit hinein, aber auch Fleißarbeit, deren Augen öffnender Effekt aus permanentem Wiederholen bestimmter Spielsituationen besteht.

Um die Vorteile der Win Conditions zu erklären, führe ich am Anfang des Trainings gerne zwei analoge Spiele ins Feld: das erste ist Tic-Tac-Toe (manche nennen es auch »Drei gewinnt«), das zweite Schach.

Tic-Tac-Toe ist ein super Beispiel, weil es ein Game ist, das man bei Anwendung der richtigen Spielstrategie nicht verlieren kann. Zur Erinnerung: Zwei Spieler setzen abwechselnd Kreuze oder Kreise in die Felder eines aus neun Kästchen bestehenden Spielfelds. Ziel ist, eine horizontale, vertikale oder diagonale Dreierlinie mit ihrem jeweiligen Symbol zu bilden. Durch das begrenzte Spielfeld ist die Anzahl der Verlaufsmöglichkeiten limitiert und die Partie schnell gespielt. Das Geniale an dem Spiel ist seine Berechenbarkeit. Die Win-Condition steht und fällt mit der simplen Frage, ob am Anfang das Prinzip »Erstes Symbol in die Mitte, zweites Symbol in die Ecke« erfüllt wurde oder nicht, weil dies die Grundlage für ein Unentschieden ist.

Wie schnell sich eine vergleichbare Situation durch Erweiterung der Ausmaße und Anforderungen eines Spiels verkomplizieren kann, zeigt das Beispiel Schach. Auch dort hat man ein Spielfeld, das aus Kästchen besteht, auch dort gibt es zwei Spieler, und auch dort geht es darum, die Spielfelder auf eine bestimmte Art und Weise zu besetzen. Allerdings hat ein Schachspiel 64 Felder. Außerdem haben die Figuren unterschiedliche Funktionen und Fähigkeiten, und nicht zuletzt ist das Ziel anspruchsvoller, nämlich den Gegner schachmatt zu setzen, also seinen König zu blockieren. Um das zu schaffen, muss man a) versuchen, möglichst viele gegnerische Figuren rauszuschmeißen, um b) mehr Figuren im Spielfeld zu haben als der Gegner, was c) bedeutet, dass man darauf hinspielt, möglichst viele Positionen im Zentrum des Spielfelds zu besetzen, weil sich von dort aus mehr Manövrier- und Angriffsmöglichkeiten bieten. Die Win Conditions sind in diesem Fall also ungleich komplexer, was auch den Anspruch und damit den Spaß erhöht – zumindest, wenn man Freude am Tüfteln hat.

In der bunten Welt des Gamings ist es das Gleiche. Es gibt einfache und komplexe Spiele, und ihre Ziele sind ebenso vielfältig wie die Wege dorthin. Ob es, wie bei *LoL* und *Dota 2,* darum geht, gegnerische Türme anzugreifen und zu zerstören, oder, wie bei *Counter-Strike,* darum, eine Bombe explodieren zu lassen und am Leben zu bleiben. Fest steht: Wenn du dich intensiv mit den jeweiligen Möglichkeiten und Anforderungen eines Spiels auseinandersetzt und ein ganzheitliches Verständnis seiner Mechanismen erlangst, erhöht sich die Wahrscheinlichkeit massiv, dass du gewinnst. Ziel des Win-Condition-Chapters ist also, eine umfassende Kenntnis der Mittel und Möglichkeiten des Spiels zu erlangen.

## Chapter 2: Fluiditäten

Was ist die logische Konsequenz aus einer umfassenden Kenntnis des Spiels? Richtig: sie zu nutzen und anzuwenden! Genau darum geht es im zweiten Trainings-Chapter. Das Ziel der Entwicklung spielerischer »Fluiditäten« ist, die Offenheit der Spieler für alternative Möglichkeiten zu triggern, und sie davon abzubringen, sich an starre Erfolgsrezepte zu klammern. Wer immer die gleichen Tricks anwendet, verfällt in Routine, wird unflexibel und für den Gegner durchschaubar – das sind keine guten Voraussetzungen für ein vitales, innovatives und somit zukunftsträchtiges Spiel. Zumal die Aufgeschlossenheit für Neues im Gaming ohnehin wichtig ist, weil Spiele permanent weiterentwickelt und durch neue Charaktere und technische Möglichkeiten erweitert werden.

Im *LoL*-Training wirken wir Scheuklappendenken entgegen, indem wir uns im Laufe des Fluiditäten-Chapters sämtliche der über 160 Champions aus dem *LoL*-Universum anschauen, all ihre Tools und Zauber besprechen und alle Champions und Spielaufstellungen durchprobieren. Geeignete Fragen sind dabei: In welchen Situationen spielt man welchen Champion? Was kann er gut? Was kann er nicht? Ist er stark durch Geld und Erfahrung, oder ist er stark im Alleingang oder im Team? Indem du die Identität der verschiedenen Charaktere erfasst, lernst du, mit ihnen zu improvisieren, und wappnest dich für ungewohnte Situationen. Entsprechend ist es bei den Spielaufstellungen: Natürlich kannst du für alle Aufgaben immer das gleiche Hilfsmittel benutzen. Nagel in die Wand hauen: Hammer! Ei aufschlagen: Hammer! Bild malen: Hammer! Wenn du aber weißt, dass du fürs Malen besser einen Pinsel benutzt und wo du ihn herbekommst, kannst du dir das Leben deutlich einfacher machen, gegebenenfalls neue Fähigkeiten an dir selbst entdecken und Mitspieler wie Gegner überraschen. Mit anderen Worten: Das Spiel bietet viele Werkzeuge, die du ausprobieren solltest. Nicht nur die, die dir als Erstes angeboten werden oder die du üblicherweise verwendest, erzielen die besten Ergebnisse.

Abfolge der Trainings-Themen:

- Champion-Fluidität – verschiedene Champions ausprobieren
- Map-Fluidität – verschiedene Champion-Aufstellungen, kurz Set-ups, ausprobieren
  Beispiele: 4 Spieler Mid Lane, 1 Spieler Top Lane / Oder: 1 Spieler Top Lane, 3 Spieler Mid Lane, 1 Spieler Bot Lane
- Spieler-Fluidität – verschiedene Spielerpositionen ausprobieren

### Chapter 3: Ingenuity

Wenn Talent mit Offenheit und umfassendem Hintergrundwissen verschmilzt, ist das Stadium der »Ingenuity« erreicht. Übersetzt bedeutet das »Einfallsreichtum« oder (was es besser trifft) »Genialität«. Meiner Meinung nach kann man diesen Zustand nicht coachen. Während die letzten beiden Chapter dazu dienten, an die Ingenuity heranzuführen, heißt es jetzt, loslassen. Es ist wichtig, dass die Spieler ihr eigenes Ding machen, denn nur wo Talent sich frei entfalten kann, wird es sein volles Potenzial zeigen. Manchmal sind sich Gamer ihrer eigenen Genialität nicht bewusst, oder sie sind noch unsicher. Dann muss der Coach ihr Selbstvertrauen aufbauen und sie darin bestärken, dass ihre Eigeninitiative und ihre Eigenverantwortlichkeit nicht nur gewollt, sondern genau richtig sind. Denn sobald sich jeder Spieler seiner Rolle sicher ist und seine Identität gefunden hat, findet auch das Team seine Identität. Dann läuft die Sache.

Ab dem Zeitpunkt gebe ich als Coach nur noch mentale Hilfestellungen. Dafür sollte ich die Spieler zuvor gut beobachtet haben und ihre Macken und Rituale kennen. Manche müssen vorm Spiel meditieren, um in den Ingenuity-Flow zu kommen, andere gucken das Video ihres liebsten Michael-Jordan-Matches, wieder andere zünden Kerzen an oder machen 50 Push-ups. Alle Handlungen sind erlaubt, solang sie nichts mit künstlichen Aufputschmitteln oder zuckrigen Energydrinks zu tun haben.

Der Rest ist für mich der Lohn für die Mühen aus Chapter 1 und 2. Denn jetzt werde ich immer wieder selbst überrascht und fange meinerseits an, von den Spielern zu lernen und ihnen Fragen zu stellen: Was seht ihr? Welche Ideen habt ihr? Was schlussfolgert ihr aus bestimmten Entwicklungen? Wenn Spieler auf solche Fragen schlüssige Antworten haben, weißt du, dass sie wirklich genial und nicht nur gute Handwerker sind. An diesen Punkt kommt man in der Regel aber erst nach vier, fünf Monaten Training.

Mein liebstes Beispiel dafür, wie Ingenuity einen Spieler nicht nur als Gamer, sondern auch als Menschen wachsen lässt, ist mein Veritas-Moment. Veritas ist ein koreanischer Gamer (eigentlich Kim Kyoung-min), der zum Sommer-Split 2016 gemeinsam mit Move (Kang Min-su) als Bot Laner zu UoL kam. Er übernahm von Anfang an viel Verantwortung, indem er für Move alles übersetzte, was wir anderen auf Englisch mit ihm besprachen. Trotzdem war Veritas ein ruhiger, eher unauffälliger Typ. Eigentlich untypisch, denn er war Carry, die sonst oft impulsive Charaktere sind.

Nachdem wir den Sommer-Split über hart trainiert hatten, nahmen wir im Oktober 2016 an den IEM in Oakland teil. Im Finale spielten wir gegen die Flash Wolves, immer noch eins der besten E-Sport-Teams aus Taiwan, also ein harter Gegner. Nach vier Spielen stand es 2:2, das nächste Spiel war entscheidend. Es wurde eng. In der Pick-and-Ban-Phase schlug Veritas vor, auf der Bottom Lane Kalista zu spielen. Mir schien das zu riskant. Kalista ist kein stabiler, robuster Charakter. Angesichts der angespannten Lage wollte ich lieber auf Nummer sicher gehen und einen generischen Pick wählen. Doch Veritas bestand ungewohnt hartnäckig auf Kalista. Zwölf Sekunden vor Ende der Pick-and-Ban-Phase hatten wir immer noch keinen Champion für die Bot Lane,

Veritas und ich diskutierten über Headset hin und her, ich wurde hektisch, er blieb starrsinnig, und kurz vor Ablauf der Zeit setzte er sich einfach über mich hinweg – und pickte Kalista.

Mir rutschte das Herz in die Hose. Klar, Veritas hatte Kalista im Training vorgestellt und mehrfach gespielt, er kannte sie sehr gut, war vertraut mit ihren Eigenschaften. Trotzdem war das eine High-Risk-Entscheidung – ein David-gegen-Goliath-Pick, von dem wir nicht wissen konnten, ob er im Team-Play funktionieren würde. Und er bedeutete, dass Veritas nonstop hart dranbleiben und die ganze Zeit aggressiv spielen musste, was sonst nicht unbedingt sein Ding war. Mit anderen Worten: Die Entscheidung hätte nach hinten losgehen können. Tat sie aber nicht. Im Gegenteil. Veritas spielte Kalista grandios, das Endspiel wendete sich immer mehr zu unseren Gunsten, und schließlich gewannen wir das Spiel auch dank seines Starrsinns und seines High-Risk-Picks. Das war der Veritas-Moment.

Nach diesem Turnier wurde Veritas generell entschiedener. Vorher war er meist den Weg des geringsten Widerstands gegangen, aber jetzt, wo er mit einer unpopulären Wahl Erfolg hatte, wurde er selbstbewusster. Er spürte, dass er die Fähigkeit besaß, große Beschlüsse allein zu treffen, und stark genug war, seinen Willen durchzusetzen. Diese Erfahrung ließ ihn wachsen. Als Gamer, als Sportler, als Mensch. Für uns war das von Nachteil, denn es führte dazu, dass er beschloss, zurück nach Korea zu gehen. Er hatte sich während seiner gesamten Zeit in Europa danach zurückgesehnt, und es war ebenfalls eine High-Risk-Entscheidung. Es ist alles andere als üblich, dass Gamer-Karrieren, die in Europa begonnen haben, auch in Asien von Erfolg gekrönt sind. Aber bei Veritas funktionierte es, was mich sehr für ihn freute. Er wusste eben, was er tat. Er war im Ingenuity-Stadium.

# CAMP CASUAL

Viele Freizeit-Gamer finden den Alltag hauptberuflicher E-Sportler beneidenswert, andere eher abstrakt. So oder so lassen sich einige Methoden der Profis aufs Casual-Gaming übertragen. Hier erfährst du, wie.

Bei Profis steht naturgemäß die spielerische Verbesserung im Mittelpunkt, bei Freizeit-Gamern sollte es der Spaß sein. Das heißt, sie sollten sich ihre Spielerfahrung so angenehm wie möglich gestalten. Auch dafür bedarf es etwas Organisation!

## Ort

Die Mehrzahl der Casual-Gamer weltweit spielt am heimischen Rechner oder auf dem Smartphone, sie hat also nicht die optimalen Bedingungen zur Verfügung, die ein Gaming-Haus oder eine E-Sport-WG bieten. Das bedeutet aber nicht, dass sie sich ihnen nicht annähern können. Ein vorbereiteter, aufgeräumter Arbeitsplatz in einem Raum, in dem du die Tür hinter dir zumachen und (sofern du nicht allein wohnst) dich vom Rest der Haus- oder Wohngemeinschaft distanzieren kannst, ist ein erster Schritt in die richtige Richtung. Auf jeden Fall solltest du dir fürs Gaming einen Ort schaffen, der möglichst frei ist von Störfaktoren. Und davon gibt es viele: Unordnung, schlechte Beleuchtung, Lärm, ein unbequemer Stuhl, ein zu kleiner Monitor, eine defekte Maus oder Tastatur, schlechter Sound, ein wackeliger Untergrund, nervige Mitbewohner, Kälte, Hitze oder Gestank. Prüfe deinen

Gaming-Platz auf Einflüsse, die dich stören, und versuche, sie nach Möglichkeit zu eliminieren. Aufräumen, lüften, neue Maus, anderer Stuhl, bessere Kopfhörer, Tür abschließen … Es lässt sich vieles ändern, um dir die volle Konzentration aufs Spiel zu ermöglichen. Tu es! Das sollten das Spiel und du selbst dir wert sein.

## Zeit

Wo Profi-E-Sportler mit geregelten Arbeitszeiten und Tagesplänen arbeiten, müssen Freizeit-Gamer sich die Zeiträume fürs Spielen oft erst freischaufeln oder erkämpfen, sprich, sie mit ihrem Alltag in Einklang bringen. Da eine gewisse Ruhe und Sorgenfreiheit für ein entspanntes Erlebnis wichtig sind, kann es auch für Casual-Gamer sinnvoll sein, ihre Gaming-Tage gezielt zu planen. Sei es dadurch, dass sie sie fest in ihren Wochen- oder Tagesrhythmus integrieren, oder dadurch, dass sie sich mit ihren Mitbewohnern oder Familienmitgliedern auf Zeiten einigen, in denen sie in Ruhe zocken können, ohne dass sich dadurch jemand vernachlässigt, provoziert oder des Zugangs zum Internet beraubt fühlt (gerade in WGs und Familien kann das Gezerre um den PC zum Tauziehen werden, wenn es im Haushalt nur einen Rechner gibt). Für den Einzelnen bedeutet das: Achte darauf, deine Gaming-Zeitfenster nicht zu kurz zu planen, damit sie nicht schon vorbei sind, bevor du anfangen konntest, sie zu genießen. Lege dir einen Kalender zu, in den du deine Gaming-Zeiten einträgst. Wenn du dir fürs Spiel wie ein E-Sportler bestimmte Ziele vornimmst, kannst du sie gleich zum Termin dazuschreiben. Spaßig ist auch, die Einträge durch motivierende Kommentare, lustige Sprüche oder Bilder aufzulockern, die dich beim Aufblättern des Termins aufheitern und die Lust aufs Spiel wecken. So was funktioniert besonders gut in virtuellen Formaten wie dem

Google-Kalender fürs Handy, in den du auch GIFs und Videos integrieren kannst. Wenn du dann deine Gaming-Zeit beginnst, würde ich dir raten, das Gleiche zu tun, was auch meine Spieler und ich während des Trainings machen: Handy weglegen und das Reagieren auf Nachrichten, Anrufe und Social Media auf später verschieben – das lenkt nur vom Wesentlichen ab.

## Regel

Die einzige Regel für Freizeit-Gamer ist simpel und lautet: glhf – good luck, have fun. Also hab Spaß!

# E-SPORT & DIE POLITIK

Spielen und gewinnen ist eine Sache, von Politik, Gesellschaft und Wirtschaft wahrgenommen und anerkannt zu werden, eine andere. In diesem Kapitel werfe ich einen Blick auf internationale Organisationen, die sich für die Interessen der E-Sport-Branche einsetzen.

E-Sport mag eine bunte und knallige Welt sein, aber aus Sicht der Politik ist es eine Aktivität und ein Geschäft – noch verhältnismäßig neu, aber dennoch regulierungsbedürftig. Wenn man von Abgeordneten nicht irgendwann Regeln vorgesetzt bekommen will, die kaum zu erfüllen sind, egal ob unternehmerischer, organisatorischer oder personeller Art, sind Lobby-Arbeit und Organe zur Interessenvertretung von Spielern, Teams und Veranstaltern wichtig. Das heißt, man muss das Thema E-Sport aus der Sphäre des Fantastischen lösen und mit der Realität koppeln. Solche Verbindungen aufzubauen ist zwar weniger spannend als Gaming an sich, bei genauerer Betrachtung aber nicht uninteressant.

Wenn ich mit Freunden und Gamern über dieses Thema spreche, winken viele ab, weil sie keine Lust haben auf Bürokratie und Paragrafenreiterei. Im Grunde sehe ich das ähnlich, aber andererseits leuchtet mir ein, dass eine politische Anerkennung für alle – Spieler, Teams und E-Sport-Organisationen – Vorteile in puncto Absicherung und Weiterentwicklung mit sich bringt. Sobald du vom Staat anerkannt bist, hast du zum Beispiel die Möglichkeiten, staatliche Fördergelder zu beantragen, die im Breitensport gang und gäbe sind. Wenn es um Lizenzen für Großveranstaltungen, das Einrichten von Vereinen und Gaming-Häusern oder das Beantragen von Sport-Visa für deine Spieler geht, hast du ebenfalls bessere Karten bei Behörden, wenn du in der politischen Verwaltung keine nicht existente Größe bist. Eine Image-Frage ist politische Anerkennung natürlich sowieso. Wenn man es also ernst meint mit E-Sport als Zukunftsbranche, Job-Motor und Anreiz in der Jugendarbeit, kommt man um Fragen der politischen Interessensvertretung allein aus Sichtbarkeits- und Aufklärungsgründen nicht herum.

Aus Gründen wie diesen haben wir mit UoL 2017 entschieden, uns zusammen mit ein paar anderen Organisationen, darunter die ESL und ALTERNATE ATTaX, an der Gründung des E-Sport Bundes Deutschland (ESBD) zu beteiligen. Dessen Ziel ist unter anderem, die Interessen von Profi-Gamern und -Teams in Deutschland zu vertreten, als Ansprechpartner für die Politik zu fungieren, die Anerkennung von E-Sport im Bereich der Sportförderung voranzutreiben und Ausbildungsmöglichkeiten für Gamer und Coaches zu entwickeln. Im Zuge der Gründung gab es ein paar interessante Veranstaltungen, die mir zeigten, dass die Welten von Gamern und vom Mainstream – allen technischen Fortschritten der letzten Jahre zum Trotz – immer noch zwei verschiedene Planeten sind. Während einige Politiker E-Sport scheinbar immer noch als weltfremdes Nischenphänomen der Nerds wahrnahmen, kamen mir umgekehrt die Politiker oft weltfremd vor, weil sie wenig Ahnung von Technik und Gaming zu haben schienen.

Letztendlich wurde schnell deutlich: Beide Seiten betraten mit der Haltung die Veranstaltung, alles zu wissen, merkten aber jeweils, dass sie in Wahrheit gleich wenig voneinander wussten. Dadurch herrschte gewissermaßen Gleichstand, und wir konnten in einen Dialog treten, aus dem ich tatsächlich ein paar Erkenntnisse mitnahm. Zum Beispiel, dass die Struktur von Non-Profit-Organisationen (was Mainstream-Sportvereine in den meisten Fällen sind) im E-Sport-Bereich völlig unterentwickelt ist, weil dort das meiste auf wirtschaftlicher und nicht auf gemeinnütziger Basis läuft; oder dass E-Sport ein guter Eisbrecher in der Jugendarbeit ist; oder eben, dass Regularien durchaus ihr Gutes haben, wenn sie bewirken, dass der Staat die Interessen von Gamern respektiert und absichert.

Fazit: Ein Dialog ist gut und nötig. Eine Ablehnung dessen führt nur dazu, dass die unterschiedlichen Parteien dauerhaft aneinander vorbeireden. Dass UoL mittlerweile aus dem ESBD ausgestiegen sind, hat nichts damit zu tun, dass wir seine Ziele nicht mehr sinnvoll finden. Es lag eher daran, dass wir mit der Zeit Zweifel bekamen, ob ein einzelner zentralistisch aufgebauter Verband die sehr unterschiedlich gelagerten Interessen der immer noch recht unübersichtlichen deutschen E-Sport-Landschaft angemessen repräsentieren kann. Zumal seither international aufgestellte Organisationen wie die European Esport Federation an Bedeutung gewannen. In Deutschland wurde im Jahr 2019 zudem der Parlamentskreis E-Sport und Gaming im deutschen Bundestag gegründet, in dem sich 40 Abgeordnete eigeninitiativ und fraktionsübergreifend für die Vermittlung von E-Sport-Interessen in der Bundespolitik einsetzen. Die dortigen Ergebnisse halten sich meines Wissens bisher allerdings in Grenzen.

Vielleicht bedarf es schlicht noch etwas Zeit, bis die deutsche Gaming-Community mit einer Stimme in den Dialog mit der Politik treten kann und will. In manchen Ländern (zum Beispiel in den USA und in Asien) scheint das schon passiert zu sein. In der Gaming-Boom-Nation Indien schossen in den vergangenen Jahren unterschiedliche E-Sport-Interessensverbände wie Pilze aus dem Boden, sodass zumindest ich inzwischen keinen Überblick mehr habe.

Für den Moment ziehe ich mich auf den Posten des neutralen Beobachters zurück und beschränke mich im Folgenden auf die Vorstellung von sieben Organisationen, die die Interessensvertretung des E-Sports, denke ich, ganz gut demonstrieren.

## European Esport Federation (EEF)

Die EEF oder kurz Esports Europe setzt sich laut eigener Aussage auf ihrer Website im Zeichen der »Werte der europäischen Gemeinschaften: Transparenz, Fairplay, Sportsgeist, Menschenrechte und Inklusivität« für eine geeinte Zukunft des E-Sports in Europa ein. Gegründet wurde die Organisation 2020. Unter den mehr als 40 Mitgliedsstaaten befindet sich auch Deutschland, vertreten durch den ESBD.
Website: *eef.gg*

## International Esports Federation (IESF)

»Für eine Welt, in der E-Sportler auf gleicher Ebene und mit gleicher Unterstützung wie Athleten traditioneller Sportarten wetteifern können« setzt sich die IESF ein. So wird ihre »Mission« auf der Föderations-Website formuliert. Der Hauptsitz des 2008 in Südkorea gegründeten Verbands ist das koreanische Busan. Im Sommer 2022 zählt er laut eigenen Angaben 123 Mitglieder aus den Weltregionen Afrika, Amerika, Asien, Europa und Ozeanien.
Website: *iesf.org*

## Asian Electronic Sports Federation (AESF)

Das offizielle Leitungsgremium AESF gibt es seit 2018 und ist für die Unterstützung, Überwachung und Entwicklung elektronischer Sportarten in Asien offiziell vom Olympischen Rat Asiens

anerkannt – was bezeichnend für den Vorsprung ist, den asiatische Länder der westlichen Welt in Sachen Akzeptanz des E-Sports voraushaben. Aktuell (Sommer 2022) sind 45 Staaten Mitglied.
Website: *aesf.com*

## United States Esports-Federation (USeF)

Das erklärte Ziel des staatlichen Dachverbandes für E-Sport in den USA wird auf dessen Website mit »alle E-Sports-Interessengruppen, einschließlich Sportlern, Veranstaltern, Technologieherstellern, Entwicklern und Erfindern, IP-Besitzern, Eltern, Sponsoren und Fans zu vereinen« benannt. Die USeF wurde 2018 gegründet und ist Mitglied des IESF.
Website: *esportsfederation.org*

## Africa Electronic Sports Association (AESA)

Die AESA ist eine 2018 gegründete Non-Profit-Organisation, die sich in erster Linie einem niedrigschwelligen Zugang zum E-Sport für Jugendliche in Afrika verschrieben hat. Denn: »Bei der AESA sind wir der Meinung, dass für Jugendliche die Heranführung an den E-Sport in einem frühen Alter und im Rahmen formeller Richtlinien auf verschiedenen Ebenen hilfreich sein kann, darunter die Ausbildung digitaler Fähigkeiten, die soziale Entwicklung, die Gemeinschaftlichkeit, um nur ein paar zu nennen.« Der Verband hat seinen Sitz in Johannesburg.
Website: *a-esa.org*

## Global E-Sports Federation (GEF)

2019 in Singapur gegründet, hat sich die internationale Nichtregierungsorganisation GEF vorgenommen, ein »inklusives, sicheres, gesundes und nachhaltiges E-Sport-Ökosystem« zu fördern, um damit eigenen Angaben zufolge 125 weltweite Partner und 100 Mitgliedsorganisationen mobilisieren zu können. Hauptanliegen ist es, Sportler, Casual Gamer und Unternehmen zusammenzubringen, unter anderem bei den eigens ins Leben gerufenen Global Esports Games.
Website: *globalesports.org*

## eSport-Bund Deutschland (ESBD)

Der bereits erwähnte ESBD informiert, organisiert und klärt auf. Das Tätigkeitsspektrum verteilt sich auf die Arbeitsbereiche »Breitensport« (Amateur-Gamer), »Spitzensport« (E-Sport-Profis) und »Veranstalter« (Turnierausrichter). Mit dem ESBD-Vereinspokal hat der Verband ein eigenes Amateur-Turnier ins Leben gerufen und mit der ESBD-Akademie ein dezentrales Fortbildungszentrum eingerichtet, das Trainer-Lizenzen vergibt.
Website: *sportbund.de*

# BUSINESS

Schlagzeilen über das Milliardengeschäft E-Sport sind an der Tagesordnung. Aber was bedeutet das für jeden Einzelnen? In diesem Kapitel prüfen wir, wer wo was verdient, gehen dorthin, wo die Geschäfte ihren Anfang nehmen, und checken, welche Jobs zu vergeben sind.

## THEMENÜBERSICHT

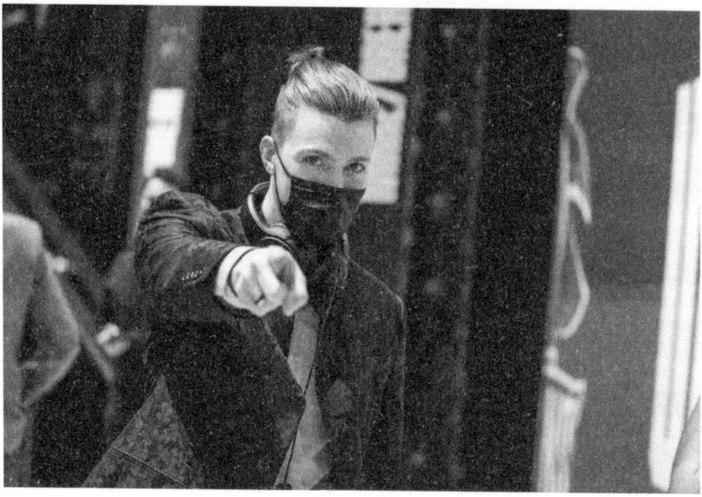

**ARBEITSPLATZ E-SPORT –**
Berufsinformationszentrum –
Arbeitsplätze im Gaming- und
E-Sports-Bereich

**SIGN ME: VERTRÄGE –**
Wer unterschreibt bei wem?
Was bei Vertragsunterzeichnungen
zu beachten ist

# DIE BRANCHE: DER CRASH-KURS

*Wer im Business mitmischen will, muss das Business kennen – ein Grundkurs.*

Die spektakulären Geldbeträge, über die im Zusammenhang mit E-Sport immer wieder berichtet wird, wenn es um →Prize Pools, Spieler-Honorare, Publisher-Bilanzen und Umsatzsteigerungen geht, sprechen für sich. Gaming ist ein Milliardengeschäft und wird es wohl auch noch eine Weile bleiben. Zwar haben die Ausfälle von Events während der Corona-Pandemie zu unerwarteten Einbußen geführt, trotzdem sind die Umsätze weiterhin gestiegen. Der Verband der deutschen Games-Branche e. V. »game« prognostiziert 2021 in seinem Bericht »game Fokus E-Sport« unter Berufung auf das Statistikportal Newzoo allein dem deutschen E-Sport-Markt für das Jahr 2024 einen Umsatz von 152 Millionen Euro (was einer Steigerung von 63 Millionen Dollar und über 70 Prozent gegenüber 2020 entspricht), während die Umsätze für den internationalen Markt auf 1,6 Milliarden Dollar geschätzt werden (eine Steigerung von 671 Milliarden Dollar, ebenfalls knapp 70 Prozent). Die Info, wo die Umsätze herkommen, liefert der Bericht gleich mit: Premium-Content, Ticketing, Sponsoring, Werbung und Medienrechte. Damit sind die Haupteinnahmequellen benannt, aber es ist noch nicht beantwortet, wer in der Branche eigentlich woran verdient.

Die Hauptverdiener im E-Sport sind Publisher und Ligen-Betreiber – in dieser Reihenfolge, zumal der Großteil der wichtigen

E-Sport-Ligen ohnehin von den Publishern selbst verantwortet und kontrolliert wird. Dafür ist die von Riot Games veranstaltete offizielle *LoL*-Liga das beste Beispiel. Weitere Verdiener sind Broadcaster, Veranstalter, Spieler, E-Sport-Organisationen, Agenturen und diverse Dienstleister. Aus meiner persönlichen Position heraus kann ich sagen, dass Gewinnsteigerungen für E-Sport-Organisationen in den letzten Jahren immer schwieriger geworden sind. Entwicklungen wie die Einführung der Franchise-Liga, die Verteuerung von Medienrechten und Spielerhonoraren und der Eintritt profitstarker Mainstream-Vereine in den E-Sport haben die Schwelle für den Einstieg ins professionelle Wettkampfgeschehen höher und die Konkurrenz stärker werden lassen.

Inzwischen sind E-Sport-Organisationen gut beraten, wenn sie nicht nur ihr Spiel-Portfolio breit aufstellen, sondern neben dem Gaming auch andere Entertainment-Bereiche im Influencer-, Streaming- und Event-Sektor erschließen. Dafür brauchen sie eine starke Marke, die sowohl die Gaming-Community als auch Investoren und Sponsoren erreicht. Das heißt, es sind Mitarbeiter nötig, die sich einerseits mit Gaming auskennen, aber auch Expertise in Bereichen wie Marketing, Management und Betriebswirtschaft mitbringen. Bei UoL haben wir uns in den letzten Jahren bei 80 bis 90 Angestellten eingependelt. Etwa die Hälfte davon sind Spieler und Streamer. Hinter ihnen stehen die Leute, die den Laden wirtschaftlich und administrativ am Laufen halten: Markt-Analysten, Geschäftsführer, Buchhalter, Sponsoren-Akquisiteure, Projektentwickler, Presse- und Medien-Beauftragte, Grafiker, Content-Manager und Social-Media-Experten. Außerdem gibt es noch den Coaching-Staff mit mir als Head-Coach, verschiedenen Positional Coaches für die Bereiche *LoL, Valorant, Wild Rift, Sim Racing, E-Sailing* und *PUPG Mobile* plus unserem Mental-Coach Colin.

Die Einnahmequellen von E-Sport-Organisationen setzen sich schwerpunktmäßig aus folgenden Faktoren zusammen: Publisher-Stipendien fürs Mitspielen in der Liga (beziehungsweise in der Franchise-Liga Beteiligung an den Liga-Erlösen), Preisgelder, Einkünfte durch Sponsoren und Werbeträger, Merchandise-Erlöse und gegebenenfalls (bei Aktivitäten im Streaming- und Event-Bereich) Lizenzen und Ticketing. Die bei Weitem größte Erlösquelle sind Sponsorengelder. Das bestätigt der erwähnte games-Bericht, indem er die weltweiten Einnahmen aus Sponsorengeldern für die gesamte Branche für 2020 mit 584,1 Millionen Euro beziffert, was 61 Prozent der Gesamterlöse entspricht. Dieses Verhältnis spiegelt den Stellenwert von Sponsoring im E-Sport-Business gut wider.

Die Frage, wo und wie man Einnahmen am klügsten reinvestiert, lässt sich angesichts des schnellen Wandels der E-Sport-Branche schwer beantworten. Bei UoL war es anfangs so, dass wir die Steigerung von Einnahmen immer sofort in neue Spieler oder die Erhöhung der Spielerhonorare investierten. Das ist prinzipiell so geblieben. Allerdings haben auch wir dazugelernt und machen inzwischen Zugeständnisse, die der Marktentwicklung geschuldet sind. Anfangs wurden UoL-Spieler zum Beispiel entweder alle gleich oder gemessen an ihrer Beanspruchung und ihrem Spieleinsatz bezahlt. Doch zum wirtschaftlichen Überleben einer Organisation tragen inzwischen nicht mehr nur spielerische Leistungen bei, sondern auch der Marktwert der Spieler. Sprich: Ein durchschnittlich begabter Spieler kann für eine Organisation genauso wertvoll sein wie ein absolutes Gamer-Genie, wenn er sehr bekannt ist, viele Follower in den sozialen Medien hat und von ihnen für seinen Style oder seine Haltung bewundert wird. Letztere bringen der Organisation, für die er arbeitet, Prestige und eine höhere Attraktivität für Sponsoren.

Trotz aller Anpassungen an den Markt steht zumindest bei UoL aber immer noch die ursprüngliche Überzeugung im Vordergrund, dass die Leidenschaft fürs Gaming an erster Stelle stehen sollte. Unser Hauptantrieb ist nach wie vor die idealistische Meinung, dass eine erfüllende Gaming-Experience bei Spielern und Zuschauern gleichermaßen zur Steigerung der Lebensqualität beitragen kann. Deshalb holen wir immer wieder Spieler in unsere Teams, die entweder selbst (noch) nicht an sich glauben oder von anderen keine Chance bekommen, weil sie nicht bekannt, genial oder auffällig genug sind, um sich gegen die Konkurrenz durchzusetzen. Solche Spieler sind unsere »Christmas Boys«. Sie sind sozusagen unser Geschenk an uns selbst und die Community – unser Beweis, dass mit der nötigen Unterstützung jeder, der Gaming liebt, seinen ganz besonderen Platz in der E-Sport-Welt erobern kann. Am Ende sollte man sich trotz der schwindelerregenden Geldbeträge, um die es in der Branche geht, immer wieder darauf zurückbesinnen, dass E-Sport nicht nur vom Geld lebt, sondern von Fantasie, Spaß, Träumen und den Geschichten, die aus ihnen erwachsen.

### E-Sport-Branche im Überblick

*Big Business trifft Idealismus –*
*Trends und Tendenzen im Profi-Gaming*

- Die Hauptverdiener des E-Sport-Business sind Publisher und Ligen-Veranstalter, wobei beides oft in einer Hand liegt (Beispiel: die offizielle *LoL*-Liga von Riot Games).
- Ein Bericht des Verbands game aus dem Jahr 2021 prognostiziert dem deutschen E-Sport-Markt für 2024 einen Umsatz von 152 Millionen Euro und der weltweiten Branche Erlöse von 1,6 Milliarden Euro, was jeweils einer Gewinnsteigerung von etwa 70 Prozent gegenüber 2020 entspricht.

- Hauptumsätze im E-Sport werden mit Premium-Content, Ticketing, Sponsoring, Werbung und Medienrechten erwirtschaftet.
- Rund 61 Prozent der Umsätze entfallen auf Sponsorengelder (laut games-Bericht 584,1 Millionen Dollar für 2020).
- Das Business ist schnelllebig und die Konkurrenz durch die zunehmende Professionalisierung und den Einstieg profitstarker Mainstream-Vereine in den E-Sport groß.
- E-Sport-Organisationen sind gut beraten, der Branchen-Entwicklung durch eine breite Aufstellung und eigene Innovationen im E-Entertainment-Sektor Rechnung zu tragen.
- Arbeitsbereiche in einer E-Sport-Organisation: Gaming, Streaming, Coaching, Sponsoren-Akquise, Projektentwicklung, Marktanalyse, Medienarbeit, Grafik, Content-Management, Social-Media-Betreuung, Buchhaltung und Geschäftsführung.
- Einnahmequellen von E-Sport-Organisationen sind Publisher-Stipendien (bzw. in der Franchise-Liga Beteiligung an Liga-Erlösen), Preisgelder, Einkünfte durch Sponsoren und Werbeträger, Merchandise und gegebenenfalls Lizenzen und Events.
- Der Wert von Profi-Gamern definiert sich nicht nur durch spielerisches Talent, sondern auch durch Image, Social-Media-Präsenz und Selbstvermarktung.
- Business hin oder her: Das Herz der Branche bleibt die Begeisterung fürs Gaming und die (Erfolgs-)Geschichten, die daraus erwachsen.

# PLACES TO BE

Sichtbarkeit ist auch im E-Sport die Marketing-Währung Nummer eins. Wer wahrgenommen werden will, muss im analogen und digitalen Bereich gleichermaßen auffallen. Wo, wie, warum – hier kommen die Antworten!

Viele Gamer, die ich kenne, können im Spiel voll aufdrehen und auch mal laut werden, sind aber ansonsten eher schüchtern. Das heißt, sie meiden Menschenmassen und sind keine großen Selbstdarsteller. Wie am Anfang des Buches beschrieben, war es bei mir lange ähnlich. Ich verkroch mich lieber hinter dem Rechner, als auf Conventions und Offline-Turnieren rumzuspringen oder mich in den sozialen Medien zu präsentieren. Es war mein Glück, dass ich wenigstens im Spiel ausreichend auffiel, um gute Mitstreiter zu finden, die mir den Schritt ins Rampenlicht leicht machten. Dadurch trugen sie dazu bei, dass ich inzwischen ganz gut mit öffentlichen Auftritten umgehen kann. Zwar würde ich bis heute nicht behaupten, dass ich zum großen Selbstdarsteller tauge, aber ich habe keinen Horror mehr vor Bühnen, Kameras, Interviews oder Meetings mit Menschen, die ich nicht persönlich kenne. Stattdessen gehe ich pragmatisch mit solchen Dingen um. Weil ich begriffen habe, dass es dazu gehört, sich zu zeigen, wenn man Repräsentant einer Organisation ist und sein will. Denn nur so lernen Follower und Branche einen kennen. Ohne Bekanntheit läuft im E-Sport wenig. Hier kommt ein kleiner Überblick mit den Orten und Gelegenheiten, bei denen man sich im doppelten Wortsinn bekannt machen kann.

## Messen & Conventions

Gamescom, DreamHack, BlizzCon, E3 – auf den großen Gaming-Messen und Conventions dieser Welt wird nicht nur gefeiert und gespielt, sondern auch Networking betrieben. Hier trifft und präsentiert sich die Branche in all ihrer Vielfalt, und weil Gaming per se ein buntes Thema ist, lässt man sich am besten etwas einfallen, um aufzufallen. Mit UoL haben wir diesbezüglich schon in der Frühphase gute Grundlagen geschaffen, teilweise ohne uns darüber richtig bewusst zu sein. Unsere pinken Team-Jerseys und nicht zuletzt das Einhorn im Namen sorgte neben unseren spielerischen Verrücktheiten von Anfang an für eine gewisse Aufmerksamkeit.

## Mainstream-Medien

In vielen Ländern Asiens findet E-Sport seit Jahren völlig selbstverständlich im Mainstream-TV statt, und auch in Deutschland ist die Berichterstattung inzwischen in Traditionsformaten wie »Sportschau«, »ran«, »Kicker« oder »Sport Bild« angekommen. Standard ist sie deshalb aber noch lange nicht. Bei UoL freuen wir uns deshalb immer, wenn Mainstream-Medien Anfragen stellen, um über das Thema zu berichten. Wir sehen in ihrer Berichterstattung die Möglichkeit, den E-Sport als das zu präsentieren, was er ist: ein Massenphänomen, kein Nischen-Produkt. In diesem Sinne haben wir mit diversen TV-Sendern von ZDF über ProSieben bis RTL 2 zusammengearbeitet. Nur Journalisten, die es spürbar auf eine negative Berichterstattung anlegen, sagen wir ab.

## Präsenz im Spiel

Das Spektrum dessen, was der Bereich E-Sport umfasst, hat sich in den letzten Jahren verbreitert, aber der Kern bleibt, im Turniergeschehen mitzumischen und im besten Fall einen Titel zu holen. Dadurch erzeugt man in der Branche Bekanntheit, Respekt und Glaubwürdigkeit. Hartes Training und die Qualifikationen für offizielle Turniere stehen also im Mittelpunkt, aber auch die Beteiligung an Community-Aktionen ist ein zentrales Anliegen, um nicht den Kontakt zur Basis zu verlieren.

## Social Media

Eine starke Marke definiert sich heutzutage immer auch über die Anzahl von Followern auf Social-Media-Kanälen wie Instagram, TikTok, Twitter, Facebook und Co. Social Media ist ein vielschichtiger Bereich, der die angemessene Ansprache der Community, verantwortungsvolle Verwaltung von Postings und nicht zuletzt Gespür für Trends und Themen erfordert. In Sachen kreativem Content Management ist für mich immer noch unser erster UoL-Manager Romain Bigeard vorbildlich. Vor allem auf visueller Ebene sorgte er für unterhaltsame Beiträge, indem er sich und das Team je nach Turnier, Spiel und Trend in verrückten Kostümen und witzigen Posen präsentierte, die in den sozialen Netzwerken für Lacher und Likes sorgten. Sicher steckte da auch ein bisschen Narzissmus drin, aber er war charmant dabei und achtete konsequent darauf, einen Bezug zum Gaming zu wahren. Das hat mich beeindruckt. Inzwischen ist Romain bei G2 Esports, während bei UoL meine Schwester Vivien und unsere Social-Media-Manager twittern, posten und tiktoken.

## Twitch, YouTube & Co.

Wie bereits bei den »Role Models« (ab Seite 72) angedeutet, ist der Bereich Streaming im Gaming zu einem eigenen Geschäftsfeld geworden. Die Stars dieses Segments sind in der Regel Einzelpersonen und Gamer-Gruppen, aber auch für E-Sport-Organisationen ist es inzwischen Pflicht, Twitch- und YouTube-Kanäle mit eigenem Content zu betreiben. Dieser Bereich bietet von Let's Plays über Shows bis hin zu Diskussionsrunden und der Produktion eigener Serien unendlich viel Raum zur Selbstpräsentation. Er bringt aber auch administrative Herausforderungen mit sich.

Twitch ist letztlich nichts anderes als ein Online-TV-Sender. Das heißt, wenn du die Plattform im großen Stil nutzt, brauchst du eine Sendeerlaubnis, die je nach Reichweite schnell mal zwischen 5000 und 10 000 Euro kosten kann. Viele Streamer, die organisch mit der Community wachsen, wissen das anfangs nicht. Mach dich also am besten vorher bei deiner zuständigen Landesmedienanstalt schlau.

## Offline-Turniere

Als Schnittstelle zwischen In-Game-Präsenz und Conventions oder Messen sind Offline-Turniere eine Möglichkeit, deiner Organisation zu Aufmerksamkeit und Sichtbarkeit zu verhelfen – auch wenn dein Team sich nicht qualifiziert hat, also nicht auf der Stage mitspielt. Bei Championship-Finalen kommen Tausende Fans und Funktionäre der Gaming-Branche vor Ort zusammen. Das bietet viel Raum für Networking und zur Generierung von Content. Sprich: Wenn ein Vertreter deines Teams zu den »Worlds«, »The International« oder den »EU Masters« fährt und von dort berichtet oder vor Ort Marketing-Aktionen durchführt, ist das die perfekte Gelegenheit, analogen Kontakt mit digitaler Reichweite zu verbinden.

## Gaming-Häuser und Stadien

Große E-Sport-Teams wie Cloud 9, Team Liquid, Ninjas in Pyjamas, Team SoloMid und 100 Thieves sorgen nicht nur mit spielerischen Erfolgen für Aufsehen, sondern auch, indem sie die Community mit ihren Headquarters beeindrucken. Das sind top ausgestattete Gaming-Domizile, die in puncto Equipment und Style wie Start-up-Lofts oder Konzernzentralen anmuten und den Teams als Treffpunkte, Trainings-Offices und Statussymbole dienen. Für die Öffentlichkeit zugänglich sind sie allerdings in der Regel nicht. Das macht aber nichts, denn auch für Freizeit-Gamer gibt es inzwischen in aller Welt E-Sport-Häuser mit allem Komfort, in denen sich jeder einmieten kann.

### Öffentliche Gaming-Häuser in Europa (Auswahl)

- RCADIA Gaming House (Hamburg, Deutschland, 20 000 Quadratmeter)
- SPACE Digital Culture Center (Stockholm, Schweden, 7500 Quadratmeter)
- Fortress Melbourne (Melbourne, Australien, 2700 Quadratmeter)
- LVL – World of Gaming (Berlin, Deutschland, 2500 Quadratmeter)
- 1337Camp (Waiblingen, Deutschland, 2000 Quadratmeter)
- Kinguin Esports Performance Center (Warschau, Polen, 2000 Quadratmeter)
- QLASH House (Treviso, Italien, 2000 Quadratmeter)
- ESpot (Paris, Frankreich, 2000 Quadratmeter)

Weitere Hotspots, um Gaming im Kreise von Gleichgesinnten zu zelebrieren, sind E-Sport-Stadien. Ihre wachsende Relevanz spiegelt sich in den Dimensionen der für die kommenden Jahre geplanten Neueröffnungen.

### Aktuell größte E-Sport-Stadien der Welt (Stand Sommer 2022)

- Zhongxian E-Sports Stadium (Chongqing, China, 6000 Plätze)
- Esports Stadium Arlington (USA, 2500 Plätze)
- Rabo Esports Stadium (Amsterdam, Niederlande, 2000 Plätze)
- Gwangju E-Sports Arena (Korea, 1000 Plätze)

### Geplante E-Sport-Stadien

- Toronto E-Sports Arena (Toronto, Kanada, 7000 Plätze, geplante Eröffnung 2025)
- International NCC & E-Sports Center (Shanghai, China, 6000 Plätze, geplante Eröffnung 2024)
- Dundee E-Sport Stadium (Dundee, Schottland, 4000 Plätze, geplante Eröffnung 2025)
- AFL E-Sports Arena (Rizhao, China, 3000 bis 4000 Plätze, geplante Eröffnung 2023)

## ARBEITSPLATZ E-SPORT

Job-Möglichkeiten im Gaming- und E-Sport-Bereich reichen von der Spielentwicklung bis zum Event-Management.

Studiengänge und Fachhochschulen für die entsprechenden Sparten gibt es in jeder größeren Stadt. Private (Online-)Akademien sollten auf Seriosität geprüft werden. Sie lässt sich normalerweise daran ablesen, ob eine staatliche Förderung der Ausbildung möglich ist. Ansonsten ist die Branche noch immer ein Tummelplatz von Quereinsteigern, deren Ausbildung – wie bei mir – ein Learning-by-doing-Prozess im Zeichen der persönlichen Begeisterung für die Sache ist.

### Software-Entwickler

Jedes Game basiert auf einer Software, also sind deren Entwickler bei Publishern dauerhaft gefragt.

Voraussetzungen: Mindestens umfassende Programmierkenntnisse, in der Regel aber abgeschlossenes Studium der Informatik, Elektrik- oder Informationstechnik.

### Spiel-Designer

»Game Artist«, »Game Creator«, »Animation Artist« oder »3-D-Designer« – die Berufsbezeichnungen im Bereich Spiel-Design unterscheiden sich, aber im Kern geht es bei allen um die Erschaffung neuer Spiel-Welten und -Charaktere. Die Ausbildung wird von Fachhochschulen angeboten, ist Schüler-Bafög-tauglich und dauert in der Regel zwei bis drei Jahre.

## Game-Producer

Der Spezialisierung auf den Entscheider-Posten des Producers geht in der Regel eine Ausbildung/Tätigkeit im Bereich Spiel-Design voraus. Im Mittelpunkt des Tätigkeitsfelds steht hier die Leitung der Game-Entwicklung.

## Community-Manager

Der Kontakt und Austausch mit der Community sind sowohl für die Publisher als auch für die Veranstalter und E-Sport-Organisationen sehr relevant. Die Community-Manager vermitteln zwischen den Unternehmen oder Plattformbetreibern und den Usern, indem sie Foren und Chats als Impulsgeber und Moderatoren betreuen und ihre Dokumentation vornehmen.

## Gamer

Eine klassische Ausbildung zum Gamer gibt es nicht, Erfolgsgarantien schon gar nicht. Wenn du in jungen Jahren mehrere Stunden pro Tag mit Gaming verbringst und die Fähigkeit hast, dich in bestimmte Spiele zu vertiefen und auf deren Herausforderungen einzulassen, statt nur von Game zu Game zu wechseln, ist das die beste Voraussetzung für eine Gamer-Laufbahn. Für alle anderen: sorgfältig die vorherigen Kapitel lesen.

## Streamer

Theoretisch kann jeder spielen, tanzen oder quatschen und sich dabei selbst broadcasten. Aber die wenigsten schaffen es, das zu ihrem Job zu machen. Es gibt keine Ausbildung für Streamer, ebenso keine für Gamer. Grundvoraussetzungen für diese Tätigkeit sind meinen Beobachtungen zufolge neben einer gewissen Extrovertiertheit ein klar definiertes Thema, eine aus authentischer Begeisterung für die Sache resultierende Fachkenntnis, gute Selbstorganisation und Disziplin, technisches Know-how sowie ein gutes Händchen für die digitale Kommunikation mit der Community.

## Coaching

Je professioneller ein E-Sport-Team arbeitet, desto vielseitiger ist sein Coaching-Staff: Der Head-Coach ist als Spieler-Scout und Haupttrainer im Einsatz, die Assistant und Positional Coaches unterstützen ihn bei der Feinarbeit. Der Mental Coach hat eine psychologische Ausbildung und ist für die individuelle Betreuung der Spieler zuständig, beispielsweise bei Stress, Konflikten innerhalb des Teams oder privaten Problemen. Letzteres erfordert ein Psychologie- oder Sportpsychologie-Studium, die anderen Bereiche im Mental Coaching entweder eigene Erfahrung als Gamer oder eine Coach-Lizenz (zum Beispiel vom ESBD).

## Event-Manager

Event-Agenturen gibt es viele, und solche, die sich auf E-Sport-Veranstaltungen fokussieren, werden im Zuge der steigenden Nachfrage immer zahlreicher. Der konventionelle Weg zu diesem Job ist eine Ausbildung als Veranstaltungskauffrau/-mann mit anschließender Spezialisierung auf den Bereich Gaming.

## Business Intelligence/Analyse

E-Sport-Organisationen, aber auch Publisher, arbeiten permanent mit Analysten zusammen, die den Markt scannen, neue E-Sport-Bereiche erschließen, Spieler tracken und für die Talent-Scouts recherchieren, wer wo wie performt. All das gehört im weitesten Sinne in den Bereich der sogenannten Business Intelligence (Geschäftsanalytik) und schließt die Bereiche Data Mining (Statistik), Data Reporting (Datenerfassung), Event-Steuerung (Programmiertechnik) und Marktforschung ein. Meist geht diesem Berufsweg ein Studium im Bereich Betriebswirtschaft oder Wirtschaftsinformatik voraus.

## E-Sport-/Organisations-Management

E-Sport-Organisationen und Publisher sind Unternehmen, und weil jedes Unternehmen ein Management braucht, das über Ziele, Projekte, Mitarbeiter und Kooperationspartner entscheidet, sind auch in diesem Bereich ständig Stellen zu besetzen. Da es sich hierbei um klassische Aufgaben der Unternehmensführung handelt, ist für diesen Job in der Regel ein Studium im Bereich Wirtschaft geeignet.

## Spieletester

Der Traumjob Spieletester klingt für viele Gamer nach bezahltem Spaß ohne Leistungsdruck, ist aber meines Wissens so schwer zu bekommen, dass er als erstes Berufsziel unrealistisch ist. Bevor man Spieletester für neue Games wird, hat man sich möglichst in einem der zuvor genannten Bereiche eine Expertise erworben oder über ein langfristig gepflegtes, von der Community anerkanntes, selbst initiiertes Spiele-Test-Portal einen Ruf als Spezialist erarbeitet.

# SIGN ME: VERTRÄGE

Wer unterschreibt bei wem?
Was bei Vertragsunterzeichnungen zu beachten ist.

Verträge sind ein wichtiges Thema im E-Sport, denn letztendlich versuchen alle Parteien, das Beste aus einem Vertragsverhältnis rauszuholen und sich so gut wie möglich abzusichern. Ein anschauliches Beispiel für dieses Prinzip: Professionelle *LoL*-Spieler haben nicht nur Verträge mit der Organisation, für die sie spielen, sondern auch mit Riot Games. In diesen Publisher-Verträgen verpflichten sich die Spieler u. a. zu anständigem Verhalten in der Öffentlichkeit, Diskretion und Loyalität gegenüber Riot Games und zur Unterlassung von toxischem oder aggressivem Verhalten, das dem Image des Games schaden könnten. Wer mit diesen Vertragsbedingungen bricht, wird gefined, also zu Strafzahlungen verdonnert, oder fliegt raus und bekommt Spielverbot.

Dass solche Strafandrohungen nicht nur hohle Phrasen sind, hat Riot Games in der Vergangenheit mehrfach unter Beweis gestellt: Azubu Frost sollen 2012 stolze 30 000 Dollar gezahlt haben, weil ihnen Schummelei im Spiel nachgewiesen wurde. Dem dänischen G2-Spieler Wunder wurde 2019 eine Strafzahlung von 1100 Dollar aufgebrummt, weil er öffentlich ein Spiel von der Konkurrenz gespielt hatte. Der koreanische Superstar Doinb (FunPlus Phoenix) postete im Juni 2022, dass ihm wegen des öffentlichen Ausplauderns von vertraulichen Informationen gleich mehrfach Fines in Höhe von mehreren Tausend Dollar auferlegt wurden.

Aber nicht nur Spieler werden geahndet. Auch Coaches. Der 100 Thieves-Coach FrosT beispielsweise hatte bei der *Valorant Champions Tour* 2021 den Beginn eines Matches künstlich hinausgezögert und musste daraufhin wegen »unprofessionellen Verhaltens« zahlen.

Es gibt diverse weitere Fälle, aber die Message dürfte klar sein: Lies Verträge, die du unterschreibst, vorher sorgfältig durch, lass dich bei Verständnisproblemen aufklären und wundere dich nicht, dass du belangt wirst, wenn du wissentlich mit Vertragsbedingungen brichst. Diese Tipps haben nicht nur im E-Sport Gültigkeit, sondern generell im Business-Leben. Ansonsten haften in der Regel die Organisationen für das Fehlverhalten ihrer Spieler, denn auch sie haben Verträge mit Publishern, in denen sie das korrekte Verhalten ihrer Teams garantieren. Aus diesem Grund bezahlt Riot Games nie die Spieler, sondern immer die Organisationen. Dementsprechend nehmen sie die Organisationen in die Pflicht, wenn deren Spieler sich danebenbenehmen. Am Ende hat im E-Sport eben der Publisher oder der Liga-Veranstalter das Sagen.

Bei UoL prüfen wir schon vor der Vertragsunterzeichnung, ob Spieler in der Lage sind, sich kooperativ und leistungsbereit zu verhalten, indem wir sie eine Weile beobachten. Wenn wir dann mit ihnen arbeiten, geben wir bei UoL im Training systematisch den Grundsatz aus: »Adhere to Rules and Conduct« (»Befolge die Bestimmungen und Verhaltensregeln«). Im Gegenzug für vertragsgerechtes Verhalten bieten wir den Spielern auch etwas: optimale technische und healthy Arbeitsbedingungen, aktuelle Hardware, psychologischen Support (Mental Coaching), spielerischen Support durch Positional und Head Coach, Medien-Coaching, Social-Media-Beratung und natürlich eine faire Bezahlung. Diese grundlegende Infrastruktur sollte jede seriöse E-Sport-Organisation ihren Spielern bieten.

E-Sport-Organisationen schließen ständig Verträge ab – mit Versicherungen, Sponsoren, Vermietern, Dienstleistern, Veranstaltern, Publishern und nicht zuletzt mit sämtlichen Mitarbeitern. Irgendwann werden Vertragsunterzeichnungen zur Routine, und man weiß sehr genau, worauf man achten muss. Für alle, die diese Kenntnisse noch nicht haben, hier die wichtigsten Punkte, auf die man achten sollte:

- Auch wenn's nervt, lies den Vertrag bis zum Ende durch und lass dir erklären, was du nicht verstehst.
- Hol vor dem Unterzeichnen den Rat eines Experten ein (im besten Fall ein Anwalt, mindestens aber ein Freund oder Familienmitglied, das etwas Ahnung von Verträgen hat).
- Lass dich nicht auf Bedingungen ein, die du nicht erfüllen kannst – zum Beispiel auf Festlegungen von Turnierzielen, vor allem, wenn sie mit Gehaltskürzungen oder sonstigen Sanktionen verbunden sind.
- Lange Vertragslaufzeiten bieten Sicherheit, können aber auch zur Fessel werden. Bei UoL laufen die Verträge in der Regel für ein bis zwei Jahre, inklusive Auflösungsmöglichkeit, wenn nach einem halben Jahr beide Parteien merken, dass die Erwartungen nicht erfüllt werden.
- Achte auf klar definierte Pflichten, Rechte, Arbeitszeiten, Fristen und Gehaltsangaben beziehungsweise angemessene Konditionen bei der Aufteilung von Preisgeldern.
- Verkauf dich nicht unter Wert. Wenn du Erfolge, Erfahrungswerte oder eine große Anzahl von Followern in ein Arbeitsverhältnis einbringst, sollten diese in den Vertragsbedingungen berücksichtigt werden.

# NACHWORT: RCADIA FÜR ALLE

Reise nach Arkadien: Warum aktuelle Zukunftsvisionen und die Philosophien der Antike beim Gaming nicht nur nah zueinanderfinden, sondern auch der Schlüssel zu digitaler Harmonie sind.

In der griechischen Mythologie war Arkadien ein idealtypischer Ort, in dem Menschen und Götter im Einklang mit der Natur lebten – aufgeklärt, friedlich und kulturell so weit entwickelt, dass niemand harte körperliche Arbeit verrichten musste, sondern alle die Vorzüge des Lebens in vollen Zügen genießen konnten. Dieses Ideal wurde im Laufe der Jahrhunderte immer wieder neu interpretiert, überhöht und den jeweiligen Zeitaltern angepasst, aber im Kern hat es sich bis heute gehalten. Vielleicht, weil es in unserer Natur liegt, von Orten zu träumen, in denen wir uns grenzenlos selbst verwirklichen können – ein Wesenszug, der Menschen meiner Meinung nach dazu veranlasst, in die Welt von Spielen einzutauchen. In gewisser Weise ist jedes Spiel ein kleines Arkadien. Bezogen auf die Universen von *LoL, Dota 2, Witcher* und vielen anderen Spielen gibt es zudem viele optische Parallelen zum Arkadien-Ideal.

Dass wir das UoL-Gaming-Haus in Hamburg RCADIA getauft haben, hat einerseits mit der traditionellen Symbolik des Begriffs zu tun, aber auch damit, dass wir der Meinung sind, dass viele Entwicklungen der Gegenwart dem arkadischen Ideal schon ziemlich nahekommen. Zumindest in der westlichen Welt sind wir technisch und zivilisatorisch an einem Punkt angelangt, an dem uns harte Arbeit großenteils von Robotern und Maschinen abgenommen wird.

Für mich persönlich ist der Name RCADIA gleichzeitig eine Erinnerung daran, wo meine Spielbegeisterung herkommt, und ein Ansporn, sie zu erhalten, zu verfeinern und weiterzugeben. Aus dieser Motivation heraus haben wir das Gaming-Haus-Projekt gestartet – als Plattform für E-Sport und Gaming und als Ort, an dem Menschen zusammenkommen und Spaß haben können. Meine Ambition ist nicht, dass wir mit RCADIA viel Geld verdienen. Ich freue mich einfach, wenn sich Leute dort austauschen und selbst verwirklichen. Dafür bietet das Haus viel Raum. Dort gibt es Bootcamp-Apartments mit vollem Equipment, das E-Sport-Gym, Sim-Racing-Räume, ein Kino für Tournament-Viewings, Bars, Seminarräume und gläserne Studios, in denen Profi-Gamer und Streamer agieren, denen du direkt beim Spielen zugucken kannst. All das soll Menschen Lust machen auf Gaming und den Austausch darüber. Ob es tausend oder zwölf Menschen sind, ist mir persönlich egal. Leistungsdruck und Quotenerfüllung sollen bei diesem Projekt nicht den Blick aufs Wesentliche verbauen – den Spaß am Spiel.

Zwischen RCADIA und diesem Buch gibt es viele Parallelen. Beide haben zum Ziel, die Verbindung von professionellem und Casual Gaming herzustellen; beide sollen Menschen, die bis jetzt keine Verbindung zu Gaming hatten, einen Eindruck ermöglichen; beide ermutigen Spieler dazu, ihre Leidenschaft zu leben und ihr Potenzial zu erkennen; und nicht zuletzt sind beide eine Einladung zum Dialog zwischen Gamern und Nicht-Gamern, von dem ich das Gefühl habe, dass er bis jetzt zu selten oder zu oberflächlich stattfindet.

Anfang 2022 habe ich in einer Hamburger Fußgängerzone eine Umfrage für unsere Social-Media-Kanäle durchgeführt, bei der ich von Passanten wissen wollte, was sie über E-Sport und Gaming denken und wissen. Das Ergebnis war, dass der Großteil der Befragten im Prinzip gar nicht wusste, worum es bei den Themen überhaupt ging. Eigentlich ist das nicht verwerflich. Aber wenn ich auf der anderen Seite höre, dass junge Gamer von ihren Eltern ausgebremst werden oder sich mit ihnen wegen ihrer Gaming-Vorliebe zerstreiten, wenn ich die stagnierenden politischen Diskussionen über Digitalisierung und die politische Anerkennung des E-Sports mitbekomme, oder wenn ich pauschalisierende Meldungen über »Gaming Disorder«, also die Sucht nach Videospielen, lese, dann hab ich doch den Eindruck, dass Unkenntnis viele unnötige Missverständnisse zur Folge hat, die wir hinter uns lassen sollten und müssen.

Es ist doch so: Die Arbeitswelt der Zukunft wird zunehmend digital organisiert sein. In Sachen Karrieremöglichkeiten sind mentale Fähigkeiten schon jetzt körperlichen überlegen, und wer sich dem digitalen Fortschritt verschließt, verliert nicht nur technisch, sondern auch gesellschaftlich den Anschluss. Wir sind schon jetzt auf einem Super-Highway der Technologie unterwegs. Ein Leben ohne Handy und Internet ist wie eine Einbahnstraße ins Nichts. Das heißt nicht, dass man es nicht leben kann. Aber wenn man nicht sozial abgehängt werden will, sollte man die Welten von Social Media und Gaming nicht rundweg ablehnen, sondern versuchen, sie zu verstehen.

Zumal das Hineinversetzen in andere (Lebens-)Welten in der globalisierten Welt der Gegenwart und Zukunft eine immer größere Rolle spielt und spielen wird. Das ist bestes Gehirntraining, also im Prinzip der Einstieg in den Mental Sport. Der Weg zum E-Sport ist dann nur noch sehr kurz.

Manchmal frage ich mich, wie die Philosophen der Antike auf die heutigen Möglichkeiten der High-End-Technik, Hyper-Digitalität und Virtualität reagiert hätten. Hätten sie gesagt: »Kenn ich nicht, interessiert mich nicht«? Hätten sie Angst gehabt vor dem Unbekannten? Oder hätten sie ihre eigene Vorstellung von Arkadien als Naturidyll verteidigt, in dem Technik keinen Platz hat? Am Ende ist die aussagekräftigste Antwort wohl das Sokrates-Zitat »Stagnation ist der Anfang vom Ende«. Damit ist alles gesagt, oder? Auf eine e-sportliche Zukunft. Wir sehen uns im RCADIA!

Euer Fabian

# GLOSSAR

**AD** = Attack Damage, Standardschaden in *LoL.*

**AD-Carry (ADC)** = Carry, der in *LoL* viel Standardschaden verursacht.

**AP** = Ability Power, Stärke durch gute Fähigkeiten, manchmal auch »magischer Schaden« genannt.

**AP Carry** = Carry, der in *LoL* weiträumigen Schaden durch **AP** verursacht.

**Bots** = Spielgegner, die nicht von menschlichen Mitspielern, sondern von der künstlichen Intelligenz eines Computerprogramms gesteuert werden.

**Champions** = Spielfiguren in *LoL.*

**Champs** = Kurzform von **Champions.**

**Client** = Programm, über das die Verbindung zum Spiel-Server hergestellt wird, also bei **Multiplayer**-Games auch die Verbindung zu den Mitspielern.

**Cosplayer** = Aus »Costume« (Kostüm) und »Play« (Spielen) zusammengesetzter Begriff, der auf Gamer gemünzt ist, die sich als Charaktere/**Champs** aus Spielen verkleiden.

**Discord Server** = Discord ist ein Anbieter für Messaging- und Sprach-Software, bei dem sich Gamer-Gruppen eigene Server für die interne Kommunikation einrichten können – den Discord Server.

**Duo-Queue/DuoQ** = Option für Multiplayer-Spiele, sich zu zweit (Duo) in die Warteschlange (Queue) für ein Ranglistenspiel einzureihen, um vom **Client** Mitspieler für ein Team zugeordnet zu bekommen.

**Franchise-Liga** = Gewerbliche Liga, bei der die Teams dem Veranstalter Geld für eine Lizenz bezahlen, die sie dazu berechtigt, für einen begrenzten Zeitraum in der Liga mitzuspielen.

**Influence-Point (IP)** = Statuspunkte in *LoL,* die Spieler für Siege und Kampferfolge erhalten und ihnen das Freischalten zusätzlicher **Champions** und das Aufsteigen in der Rangliste ermöglichen.

**Koop-Modus** = Spiel-Modus, bei dem mehrere Spieler als Team gegen **Bots**/den Computer spielen.

**Lanes** = Spiel-Pfade der *LoL*-Karte, auf denen gekämpft wird. Es wird zwischen Top Lane (Oberem Pfad), Mid Lane (Mittlerer Pfad) und Bottom Lane (Unterer Pfad) unterschieden.

**Legacy Games** = Game, das sich im Spielverlauf verändert und deshalb nur einmal durchgespielt werden kann.

**Let's Play**= Kommentierte Gaming-Partie, die von ihren Teilnehmern entweder live gestreamt oder mitgeschnitten und anschließend auf Video-Portalen wie Twitch und YouTube veröffentlicht wird.

**Lobby** = Virtueller Vorhof zur Welt des Spiels. Es wird zwischen Pre-Game-Lobby (wo vor dem Spiel die Champions gewählt werden) und Post-Game-Lobby (wo die Spielbilanz angezeigt wird) unterschieden.

**Loss** = Niederlage.

**Mod** = Inoffizielle (oft von Fans programmierte) Weiterentwicklung (Modifikation) eines bestehenden Games.

**Multiplayer-Modus** = Spielmodus, bei dem mehrere Spieler mit- oder gegeneinander antreten, Gegenstück zum **Singleplayer-Modus.**

**Open-World-Game** = Spiel, dessen Welt und Aufgabenspektrum viele Freiheiten lässt und dessen Ablauf weitgehend in der Hand der Spieler liegt – typisch für Abenteuer-Spiele.

**Pay-to-win / Pay-2-win** = Spiele, bei denen man sich mit Geld Vorteile erkaufen kann, die im Extremfall notwendig sind, um das Spielziel zu erreichen.

**Pick-and-Ban-Phase** = Strategisch wichtige Vorbereitungsphase des Spiels, in der die Wahl (Pick) der Spiel-Charaktere bzw. deren Ausschluss (Ban) vom Spiel stattfindet.

**player base** = Spielerstamm, also Anzahl von Menschen, die weltweit die Entwicklung eines Games verfolgen und es regelmäßig spielen.

**Practice-Tool** = Übungsprogramm zum Trainieren bestimmter Spielsituationen.

**Prime League** = Höchste *LoL*-Profi-Spielklasse für den deutschsprachigen Raum.

**Prize Pool** = Gesamtsumme der zu vergebenden Preisgelder bei Gaming-Turnieren.

**Pro Div** = Kurzform von »Pro Division«, höchste Spielklasse in der **Prime League,** die Profis vorbehalten ist.

**Quests** = Aufgabe, die es im Spiel zu erfüllen gilt, auch »Mission« oder »Task« genannt.

**Roster** = Mannschaftsaufstellung / Besetzung eines Teams.

**scouten** = Schwachstellen und Stärken der gegnerischen Mannschaft auskundschaften.

**Scrims** = Trainingsspiel, Begriff abgeleitet vom englischen »Scrimmage« (Gerangel).

**Singleplayer-Modus** = Spielmodus für Einzelspieler, Gegenstück zum **Multiplayer-Modus.**

**Skin** = Äußeres Erscheinungsbild eines **Champs**/Characters. Meist gibt es für Figuren unterschiedliche Skins, manche markieren einen höheren Spielerstatus, andere dienen der optischen Abwechslung.

**Solo-Queue/SoloQ** = Option für Multiplayer-Spiele, sich als Einzelspieler (Solo) in die Warteschlange (Queue) für ein Ranglistenspiel einzureihen, um vom **Client** Mitspieler ein Team zugeordnet zu bekommen.

**Spiel-Klient** = siehe **Client.**

**Split** = Teilabschnitte einer Saison (Beispiel: Sommer-Split / Winter-Split). In einigen Ligen gibt es mehr als zwei Splits pro Saison.

**Tiebreak** = Entscheidungsspiel, wenn eine Runde zwischen zwei Teams mit Gleichstand endet.

**Win Responsibilities** = Anforderungen an einen Spieler/ein Team, deren konsequente Erfüllung die Wahrscheinlichkeit des Sieges steigert.